文革文學大系

（八）

詩歌卷一

王　堯主編

現代文學研究叢刊

文史哲出版社印行

現代文學研究叢刊　30

文革文學大系（全十二冊）

主　編　者：王　　　　　　　　堯
出　版　者：文　史　哲　出　版　社
　　　　　　http://www.lapen.com.tw
登記證字號：行政院新聞局版臺業字五三三七號
發　行　人：彭　　　正　　　雄
發　行　所：文　史　哲　出　版　社
印　刷　者：文　史　哲　出　版　社
　　　　　　臺北市羅斯福路一段七十二巷四號
　　　　　　郵政劃撥帳號：一六一八〇一七五
　　　　　　電話886-2-23511028・傳真886-2-23965656

十二冊定價新臺幣四八〇〇元

中華民國九十六年（2007）十二月初版
中華民國九十八年（2009）二月初版訂正

導　言

王　堯

　　本卷爲《"文革文學"大系》之一種，本卷卷一爲公開發表的詩歌選，卷二爲部份未公開發表的詩歌選。

　　如何論述中國當代文學史的問題逐漸引起關注，顯示了學界對一個學科成熟的期待。就整體性的學術背景而言，我們已經越過了非常態的學術史狀態，曾經在相當長的時期內，學界的注意力集中在學術上的"撥亂反正"和"打破禁區"、"塡補空白"方面，這是一個令人興奮而且充滿了"戰鬥"激情的時期，但是許多眞正的問題也常常被疏忽。在今天，當我們有可能討論建立當代文學的學科話語，並且把這種討論建立在中國當代文學與思想文化發展的勃勃生機中時，我們不僅需要轉換知識體系，轉換文學史觀念，轉化思維方式，而且需要有清晰地發現問題的意識，因爲漠視被遮蔽了的眞問題的危害遠遠大於僞問題干擾我們的學術研究。

　　我們注意到，曾經在很長的時期內，當代文學史的敍述是殘缺不全的，突出的問題是"文革文學"被擱置，當代文學史的敍述在進入到 60 年代中期後突然中斷了。這一現象可以稱爲文學史敍述的"斷裂"問題。當初對這一現象的解釋是"文革"無文學，或曰"一片空白"，無疑，這一解釋在學理上是不能成立的。現在，學界已經無須就是否有必要研究"文革文學"再作爭論。把"文革文學"納入到當代文學史的敍述，就當代文學史寫作而言其主要意義不在填補空白，而在於它不僅改變了我們寫作當代文學史的知識背景，改變了當代文學史著作的習慣內容，而且更為重要的是它有可能在文學史哲學的層面上糾正"非歷史的觀點"，在中斷的縫隙中發現"歷史聯繫"，進而獲得重新敍述當代文學史的可能。如果不能改變"簡單中斷"的觀點，當代文學史寫作中的"整體性"構架是無法實現的。

"文革文學"，是與20世紀中國的重大事件"無產階級文化大革命"（簡稱"文化大革命"和"文革"）相關聯的。1966年5月中國爆發了持續十年的"文革"。對這場給當代中國帶來深重災難的"文化大革命"，中共十一屆六中全會通過的《關於建國以來黨的若干歷史問題的決議》作了徹底的否定，《決議》認為："實踐證明，'文化大革命'不是也不可能是任何意義上的革命或社會進步。""歷史已經判明，'文化大革命'是一場由領導者錯誤發動，被反革命集團利用，給黨、國家和各族人民帶來嚴重災難的內亂。"《決議》對"文革"的評價是研究"文革文學"的政治原則，並且包含了某些方法論上的啟示。

為了能夠更深入地把握"文革"與"文革文學"的關係，我們有必要瞭解"文革"時期的經典文獻對"文革"的釋義。1966年5月16日《中國共產黨中央委員會通知》中說："我們必須遵照毛澤東同志的指示，高舉無產階級文化大革命的大旗，徹底揭露那批反黨反社會主義的所謂'學術權威'的資產階級反動立場，徹底批判學術界、教育界、新聞界、文藝界、出版界的資產階級反動思想，奪取在這些文化領域中的領導權。而要做到這一點，必須同時批判混進黨裡、政府裡、軍隊裡和文化領域的各界裡的資產階級代表人物，清洗這些人，有些則要調動他們的工作。"1966年8月8日通過中國共產黨中央委員會《關於無產階級文化大革命的決定》進一步說："當前開展的無產階級文化大革命，是一場觸及人們靈魂的大革命，是我國社會主義革命發展的一個更深入、更廣闊的新階段。”“資產階級雖然已經被推翻，但是，他們企圖用剝削階級的舊思想，舊文化，舊風俗，舊習慣，來腐蝕群眾，征服人心，力求達到他們復辟的目的。無產階級恰恰相反，必須迎頭痛擊資產階級在意識形態領域裡的一切挑戰，用無產階級自己的新思想，新文化，新風俗，新習慣，來改變整個社會的精神面貌。在當前、我們的目的是鬥垮走資本主義道路的當權派，批判資產階級的反動學術‘權威’，批判資產階級和一切剝削階級的意識形態，改革教育，改革文藝，改革一切不適應社會主義經濟基礎的上層建築，以利於鞏固和發展社會主義制度。”後來毛澤東又把這場革命看作是“無產階級反對資產階級和一切剝削階級的政治大革命，是中國共產黨及其領導下的廣大革命群眾和國民黨反動派長期鬥爭的繼續，是無產階級和資產階級鬥爭的繼續。”這些論點被概括成所謂“無產階級專政下繼續革命的理論”，它的核心意義是：在無產階級取得了政權並建立了社會主義制度的條件下，還要進行一個階級推翻一個階級的政治大革命，“文化大革命”就是這種“繼續革命”的最重要的方式。“在上層建築其中包括在文化領域中對資產階級實行全面的專政”則是“繼續革命”的重要組成部分。，

　　我國五十年代末期提出“文化革命”的問題，當時所講的文化革命的內容，主要是社會主義的文化、教育事業，指提高人民的文化水準和健康水準，建設工人階級的知識份子隊伍，改變我國教育、科學、文化的落後狀態，這正是列寧在十月革命之後提出的文化革命的本來意義。而“文化大革命”不是馬克恩主義經典作家所講的原來意義上的文化革命。“按照科學意義上的革命，‘文化大革命’不能在任何意義上稱為一個革命。它不是用一種什麼先進的生產關係去代替一種落後的生產關係，也不是用

一種先進的政治力量來取代一種反動的政治力量。"[1]冠以"文化"二字的這場"革命"是由文化領域的"批判"開始的。《五一六通知》說："我國正面臨著一個偉大的無產階級文化大革命的高潮。這個高潮有力地衝擊著資產階級和封建殘餘還保存的一切腐朽的思想陣地和文化陣地。"在"文革"當局和爲主流意識形態支配的輿論中，都明確無誤地把"文藝革命"看作"文化大革命"的"開端"。1967年《人民日報》《紅旗》雜誌元旦社論《把無產階級文化大革命進行到底》中說："一九六三年，在毛主席親自領導下，我國進行的以戲劇改革爲主要標誌的文藝革命，實際上是無產階級文化大革命的開端。"中央文革小組組長陳伯達，在中央直屬文藝系統聯說："文藝界的革命是我國無產階級文化大革命的開端。"由文藝而及政治，這正是當代中國大陸政治在相當長一段時期內的運作特點。

"文革文學"就在這樣的歷史語境中產生和發展。文學與政治的關係成爲最基本的問題，並在根本上規定了"文革文學"的性質和它的品貌，即在整體上"文革文學"是"無產階級在上層建築其中包括文化領域對資產階級實行全面專政"的組成部分。關於"兩個階級、兩條道路、兩條路線鬥爭"的"基本路線"成爲"文革文學"的出發點；"塑造無產階級英雄典型形象"是社會主義文藝代替"根本任務"；"三突出"是"創作原則"；"革命的浪漫主義和革命的現實主義相結合"是創作方法；"革命樣板戲"的話語霸權則貫穿"文革文學"始終。這些構成了"文革文學"的基本方面。在文學淪爲主流意識形態話語的過程中，文學的理想、精神、審美屬性、語言等發生了災難性的變化，幾乎所有的問題到了這時都被推到了極端。

---

[1] 胡喬木：《談〈關於建國以來黨的若干歷史問題的決議〉對"文化大革命"的幾個論斷》，《學習》1993年第1期。

　　"文革文學"不是一個孤立的存在。在討論這一問題時，我覺得恩格斯關於中世紀不是歐洲歷史簡單中斷的思想是研究的理論支點。恩格斯在談到"十八世紀的唯物主義"（主要是機械唯物主義）的局限性時說："它不能把世界理解爲一種過程，理解爲一種處在不斷的歷史發展中的物質。""這種非歷史的觀點也表現在歷史領域中。在這裡，反對中世紀殘餘的鬥爭限制了人們的視野。中世紀被看作是由千年來普遍野蠻狀態所引起的歷史的簡單中斷；中世紀的巨大進步 —— 歐洲文化領域的擴大，在那裡一個挨著一個形成的富有生命力的大民族，以及十四和十五世紀的巨大的技術進步，這一切都沒有被人看到。這樣一來，對偉大歷史聯繫的合理看法就不可能產生，而歷史至多不過是一部供哲學家使用的例證和插圖的彙集罷了。"我們也不能把"文革"和"文革文學"看成是歷史的"簡單中斷"，應當注意到歷史階段之間的相互聯繫以及歷史的整體性。關於"文革文學"由 1966 至 1976 年的時間設定，依據的是已經爲一般人所認可的"文革"的起（發動）迄（結束）時間，上限以《五·一六通知》爲標誌，下限以"粉碎'四人幫'"爲標誌；"文革文學"不僅是個時間概念，更爲重要的，是個歷史概念。無論之于"文革文學"的實際，還是從文學研究的學術要求來看，我們都必須理清"文革文學"的來龍去脈與"文革文學"的內在理路。因此不是孤立的，而是將"文革文學"置於一個更爲宏闊的時空中加以研究，發現"文革文學"的歷史因素，並同時揭示"文革文學"作爲一種背景與新時期的文學的關係，這樣就爲理解"文革文學"構築了一個由"歷史'與"現實"組合而成的"平臺"。在發現歷史因素時，我們可以追溯到 1942 年毛澤東《在延安文藝座談會上的講話》發表之後的解放區文學，也可追溯到二三十年代的左翼文藝甚至追溯到"五四"新文化運動；但是，"文革文學"最直接的背景是人們通常所說的"十七年文學"，因而"文革前"的概念不是大而無當的，它主要指稱"十七年文學"。研究愈深入就愈發現，"十七年文學"中某些因素的惡性發展最終產生了"文革文學"，而不是像有的研究者所認爲的"文革文學"是偏離"十七年文學"的結果。文學的"文革"與"文革前"之關係是複雜的。我們都知道，"文革"的發動是以否定"十七年"爲前提的，作爲"文革文學"的官方綱領《林彪同志委託江青同志召開的部隊文藝工作座談會紀要》同樣是以全盤否定"十七年文學"爲前提的；也許由於這樣一個政治原因，新時期之初人們爲了否定"文革文學"，又幾乎是全盤肯定了"十七年文學"。在肯定／否定的二元對立的思維中，事物之間的內在的邏輯被忽略。當我們在學術的視野中把"文革文學"與"十七年文學"作爲一個整體加以研究時，就不能不對"十七年文學"作部分的否定。有意義的是，無論是在當時還是在今天，無論是那時的"文革"當局還是現在的一些研究者，都注意到了文學的"文革"與"文革前"的關聯，只是解釋的角度不同而已，這樣不同的角度顯示了歷史的巨大差異。姚文元在《評反革命兩面派周揚》中說："當我們回顧解放以來文藝鬥爭的歷史時，可以清楚地看到兩條路線的尖銳鬥爭：一條是毛澤東文藝路線，是紅線，是毛澤東同志親自領導了歷次重大的鬥爭，把文化革命一步步推向前进，作了長時間的準備，直到發動了轟轟烈烈的、向資產階級全面進攻的、億萬人民參加的無產階級文化大革命，一直挖進周揚一夥的老巢。"在"文革後"，對姚文元所說的這些重大鬥爭的性質、意義我們已經作了完全不同的價值判斷與闡釋，此之謂"撥亂反正"。但無論從什麼角度來理解，有一點是明確的：這些"歷次重大的鬥爭"一步步推動了"文化大革命"。

在 1972 年之前，除了"革命樣板戲"外，創作基本處於無序狀態。我們通常所說的"八個樣板戲"，多數作品在"文革"前便已創作，凝聚了一些藝術家、文學家的心血。在"京劇革命"的旗幟下，這些劇碼被重新改變，在內容和形式上都深刻地打上了"文化革命"的烙印，被奉爲"樣板戲"，由此總結出來的"三突出"原則成爲清規戒律。1972 年新創作的《虹南作戰史》、《牛田洋》、《金光大道》等小說的出版，"文革文學"的話語建設進入了積極而有序的狀態。新創刊的和恢復出版的文學期刊爲主流文學的發展創造了條件。以"革命樣板戲"的創作經驗爲指導，按照主流意識形態的設計，"文革"開始形成自己的文學話語系統並且側重表現兩個方面：作爲歷史的"社會主義改造"和作爲現實的"無產階級文化大革命"，兩者都是寫兩個階級、兩條道路、兩條路線的鬥爭，後者逐漸發展爲側重寫與"走資派"的鬥爭。這樣，主流意識形態話語的一部分就成爲"陰謀文藝"。《初春的早晨》、《金鐘長鳴》、《典型發言》、《只要主義真》等這方面的代表作，因此受到主流文學評論的重視。《虹南作戰史》、《牛田洋》與《初春的早晨》、《金鐘長鳴》等是"文革"主流意識形態話語的兩極，介於這兩者中間的作品是"文革文學"的基本方面。

　　知識份子重新獲得了寫作的權力，但是個人話語、知識份子話語並沒有獲得合法性；也就是說，知識份子的重新寫作，並不是由他們的"知識份子性"所決定的，而是他們在"同工農兵結合，爲工農兵服務"中被賦予了"階級性"。在主流文學話語的形成過程中創作者選擇了不同的創作姿態。

　　從發動"文革"到"四人幫"被粉碎，黨內外都有不同的聲音，反對和抵制"文革"極左思潮的聲音和力量一直在艱難生長著，黨的文藝政策也在 1975 年前後有過調整。這些作爲一種健康的力量，在局部多多少少改變了文化專制主義的面貌。當代作家思想之再生，儘管是那樣的艱難，但它開始孕育于作家與現實的衝突之中，孕育于作家的思想矛盾之中。巴金後來在《隨想錄》的寫作中曾經詳細敍述了他們這一代知識份子在"林彪事件"後思想覺醒的歷程。各種"地下沙龍"的出現是青年知識份子成爲思想者的民間形式。在這種相對自由的空間中，青年詩人們有了感情交流的機會，也有了聆聽心靈傾訴的可能。由《中國知青詩抄》可知散落在民間的詩人似乎更多。"黃皮書"和"灰皮書"
這些異文化文本，不僅帶給他們全新的語言感覺，而且更爲重要
的是有了可以依傍的思想文化資源。這樣，體制之外的寫作就出
現了。思想之再生的不同方式決定了"文革"後期文學的不同走
向。

值得注意的是，在有限的縫隙中出現了相對疏離主流意識形
態的作品，"理念"與"生活"的衝突是這些作品的基本矛盾。
我們必須強調這種疏離只是相對的。70年代初期批判極左思潮和
70年代中期文藝政策調整所帶來的空間是有限的，對極左思潮的
批判不久便夭折，文藝政策的調整也不是否定"文革"，文學創
作者不可能在更廣泛的範圍內和更本質的問題上清算極左思潮對
創作的影響，因此，那些相對疏離政治中心的話語也顯示出被主
流意識形態話語鉗制的無可奈何。儘管這種疏離是相對的，但十
分重要。

隨著知識份子思想的覺醒，和"文革"主流話語相對立、並
且在不同程度上反對主流話語的民間話語（包括"地下文學"）
開始出現。在相對自由的隨想空間中，由於文化背景和精神歷
程的差異，民間話語的分層特徵是明顯的。在"地下文學"中，
郭小川、穆旦、曾卓、牛漢、流沙河等人的詩歌，豐子愷的散文，
食指、北島等青年詩人的詩作，以及在民間流傳的一些"手抄
本"，都值得我們注意。當時公映的一些電影戲曲如《創業》、《海
霞》、《三上桃峰》和《園丁之歌》等幾經挫折或在演出後再遭遇
批判，顯示了文藝政策調整階段的特殊狀況。其中處於"潛流"
狀態的一些創作（如"地下詩歌"）和思潮在浮出地表後，成了
新時期文學的主潮之一。在"四五運動"中產生的"天安門詩
歌"也在由"文革"到"新時期"的過渡中起到了特別的作用。

編選《"文革文學"大系》包含了我們對"文革文學"的這
些基本認識。大系共六卷：《小說卷（上）》，《小說卷（下）》，《詩

歌卷》,《散文報告文學卷》,《戲劇電影卷》及《史料卷》。以下是有關編選的幾點說明：

一、入選作品分爲公開發表出版與未公開發表出版兩類。凡公開發表出版的原則上以初版爲准。當時未公開發表出版的，一類是有影響的手抄本，進行甄別後入選那些爲文學界認可的、確定創作于“文革”時期的作品；一類是確證創作於當時但未傳抄，直到新時期公開發表出版的，如穆旦等人的詩，豐子愷的散文等。考慮到“文革文學”的特殊性，有代表性的“陰謀文藝”也應入選而不應作爲附錄處理。

二、作品的編排不以作品的內容分類，一律以作品發表出版的時間先後爲序，同一作者如入選多篇作品，則集中歸於同一名下，也以發表出版的時間先後爲序；當時未公開發表出版，但確證是“文革”期間的作品，收錄時也一律按創作時間的先後排序。

三、入選作品篇末均注明最初發表的報刊或出版的單位、時間，不能缺點的則注明選自何處。願文有寫作時間的也照錄。

四、爲方便讀者瞭解相關背景，對部分作品以“編者按”的形式加了題解式的注釋。

五·按照“文革”時期的習慣，凡“語錄”均仍然以黑體排出；入選作品中的政治批判性文字以及設涉及到的一些具體人名均不作技術處理。

六、長篇小說作存目處理。

作爲一個有深刻社會主義信仰的青年知識份子，我從 1990年代初期開始關注“文革文學”及“文革”時期的思想文化，並在很長一段時間裡以此爲研究工作的重點。最初的想法在 1998年完成的博士論文《“文革文學”研究》中有比較充分的表達，其後我自己對這個時期文學及思想文化的認識也有若干重要變化。重視文獻的收集與整理是我在一開始研究時就注意到的，學界一些朋友甚至認爲這是我的研究特色之一。但這樣的工作，於整個研究界都是剛剛起步。我一方面意識到中國當代文學學科的成熟與文獻的收集、整理和認識有關,一方面又感到當代文獻整理的困難。

　　大概從 1990 年代中期開始,我便著手"文革文學"的史料收集工作,和當時在《文匯報》筆會工作的蕭關鴻先生曾經有過多次討論,並形成書面計畫,但最終未能落實出版。到了 1999 年年底,突然接到中國社會科學院文學研究所陳駿濤教授的電話,約我編選 1966～1976 年史料輯之《文學作品集》,作爲《中國新文藝大系》之一種。陳先生是我非常尊敬的學者,多年對我提攜有加,能有這樣合作的機會我當然珍惜,而且此事與我的學術理想吻合。我只是詢問有無出版的可能,陳先生告訴我已和中國文聯出版社簽約。此後我開始了緊張的編選工作,因爲有前面的基礎,依據手上的索引,重新翻閱了 1966～1976 年間的文學期刊、重要作品集、報紙副刊以及"文革"後出版的相關書籍,仔細篩選了大約三百萬字的作品。當時跟我讀研究生的谷鵬,幾乎承擔了全部的複印工作,並坐了火車把一大包稿子北上送到北京。——這套書最終還是沒有出版。因爲研究和教學的需要,前年我不得不向出版社要回稿子,幾經周折,拿回了一份排版後的列印稿。今年五月,我去臺灣參加作爲東吳大學中文系建系五十周年活動,文史哲出版社的彭正雄先生和政治大學中文系的張堂錡博士特地到住所看我,相談甚歡。說到他們不久前幫我出版的論文集《"文革"對"五四"及"現代文藝"的敍述與闡釋》,我又提及我曾經做過的"文革文學"作品的收集與整理工作,兩位先生認爲這是件有價值的工作,文史哲出版社可以出版。我回大陸後,即開始工作,在在原有的基礎上,刪去了一部分作品而成小說、詩歌和散文報告文學卷,增加了戲曲電影及史料各一卷。隨我讀學位的博士生、碩士生利用暑假的時間幫我把書面文本轉成了電子文檔。

　　大系的編選是一項複雜而艱巨的工作，由於編者水準有限，又受資料限制，不免有適當之處，尚祈方家與讀者指正。如前所述，這項工作得到不少朋友的支援和幫助，在這套書即將付梓時，我要向陳駿濤先生，向關心和付出勞動的朋友們致謝，向彭正雄先生和張堂錡博士致謝。

2006 年 11 月于蘇州三槐堂

"文革文學" 大系
詩　歌　卷

總　目　錄

"文革文學"大系
詩　歌　卷　一

目　　錄

詩 歌 卷 一

請鬆一鬆手……

—— 獻給抗暴鬥爭中英勇犧牲的戰友

呂 涼

請鬆一鬆手，鬆一鬆手啊，
親愛的戰友！
交給我吧，
你手中的這本《毛主席語錄》。

按著滴血的傷口，
朝著北方，你英勇地倒下了……
鮮豔的毛澤東思想紅衛兵的袖章，
已被滾燙的熱血浸透！
你好像還望著胸前，
望著那枚金光閃閃的毛主席像章，
唱著："大海航行靠舵手！……"
1324
昨天，你還舉著"鋼二司"的紅旗，
在江城的大街上戰鬥！
可是今天，白色的花圈和挽聯，

已經擺滿了你躺下的街頭。
傾倒三江五湖水啊，
也洗不盡這千丈悲憤、萬丈冤仇！

請鬆一鬆手，鬆一鬆手啊，
親愛的戰友！
交給我吧，
你手中的這本《毛主席語錄》！

你親愛的媽媽，一滴眼淚也沒有，
她咬著不屈的嘴唇，
和我們一起遊行示威，
 —— 抬著她兒子的屍首
迎著朝霞，走在最前頭……

他們在光天化日下殺害了你，
一把血淋淋的尖刀，插進了你的咽喉！
他們以為真的殺死你了，
不，搖頭否認吧，
怒濤滾滾的江流！
搖頭否認吧，
永不熄滅的星球！
革命造反派的精神絕不會死，
你青春的火焰，
將照亮長江兩岸的萬代千秋！

你看哪，曙光已經穿透了雲層，
紅日，就要高懸在武漢的城頭！

"鋼九・一三"已經殺出了火山口，
"鋼工總"的大旗正在腥風血雨中搏鬥！
你天天唱的那支為"工總"翻案的歌，
已經響遍了大江南北，四海九洲！

安息吧，親愛的戰友！
讓我們給你蓋上一面鋼二司的紅旗，
最後握一握你的雙手……
到明天，江城歡笑，紅霞滿樓，
託春風，帶去同志們的問候。
等歡慶勝利的那一天，
我們再來看你，
願紅花年年開在你的墓前，
願青松四季長在你的墳頭！

永別了，我們的好戰友
謝謝你對我的信任，
把《語錄》交給我收留。
我要帶著它，在血染的戰旗下宣誓，
我要帶著它，去為你們報仇！
我和《語錄》共生死，
高舉《語錄》去戰鬥！
反復辟，鬥逆流，
革命不到底，我們誓不甘休！
徹底砸碎舊世界，
把紅旗插遍七大洲！

1967 年 6 月寫於街頭

（原載《武漢戰歌》武漢鋼二司宣傳部 1967 年 8 月）

我的孩子……

一　兵

我的孩子，我的姑娘，
不，你是我敬愛的革命小將！
聽說你參加了絕食鬥爭，
我的心像江水一樣激蕩！

毛主席的教導在我們耳邊迴響：
哪裡有壓迫，哪裡就有反抗。
無產階級要打碎身上的枷鎖，
首先就要把全人類解放！

年輕人好比初升的太陽，
革命的重擔落在你們的肩上。
工農兵是你們堅強的後盾，
我們永遠在毛主席身旁！

孩子，要革命就會有犧牲，
劉胡蘭，黃繼光樹立了光輝的榜樣。
你是暴風雨中的雄鷹，
爸爸也要做革命的闖將！
讓我們高舉毛澤東思想的偉大紅旗，

挺起革命造反派的鋼鐵胸膛。
掃開揚子江上的雲霧，
迎接燦爛輝煌的太陽。
湖北省話劇團 你的爸爸xx

1967 年 5 月 18 日淩晨
（原載《武漢戰歌》武漢鋼二司宣傳部 1967 年 8 月）

孩子，去吧！

武漢部隊一戰士

孩子，去吧！
我不是一個糊塗的媽媽。
雀籠，怎鎖得住雄鷹，
羊欄，怎關得住駿馬？
胡蘭子有戀女的親娘，
董存瑞也有疼兒的媽媽。
她們為革命能獻出自己的親骨肉，
我怎能有這麼多的顧慮和牽掛？

孩子，去吧，
我不是一個糊塗的媽媽。
原來總擔心你年輕不懂事，
怎經得起暴風雨的衝打？
不過你爹爹參軍時也只十五歲，
你爺爺、奶奶沒有強留他；
我在日寇的鐵蹄下傳遞情報時，
還沒有你這麼大。

孩子，去吧！
我不是一個糊塗的媽媽。

在這生死決戰的時刻，
你要牢牢記住毛主席的話。
你的同學正邁著整齊的步伐前進，
在戰火中度過他們青春的年華。
媽媽聽著那雄壯的歌聲，
更覺得不該把你留在家。

孩子，去吧！
我不是一個糊塗的媽媽。
在林祥謙就義的地方，
後代子孫絕不會跪倒在敵人的屠刀下！
你們手中有紅彤彤的寶書，
還怕他什麼長矛，鋼叉！
陳再道之流不過是一座小小的冰山，
春天一到就會融化……

孩子，去吧，
當春潮澎湃的時候，
你就是其中一朵晶瑩的浪花。
在捍衛毛主席革命路線的血戰中，
孩子，我感到十分自豪，
因為我，
──是一個革命戰士的媽媽。

> 寫於 1967 年 7 月
>
> （原載《武漢戰歌》武漢鋼二司宣傳部 1967 年 8 月）

放開我，媽媽！

吳 克 強

面對著兩條路線的生死決戰，面對著陳再道之流的血腥屠殺，媽媽拉住我，不讓我到學校去，怕我被暴徒殺害。我對她說：

放開我，媽媽！
別為孩子擔驚受怕。
到處都是我們的戰友，
暴徒的長矛算得了啥！
我絕不作繞梁呢喃的乳燕，
終日徘徊在屋簷下；
我要做搏擊長空的雄鷹，
去迎接疾風暴雨的衝刷！

放開我，媽媽！
難道你忘了英雄的爸爸，
為了祖國的解放和勝利，
二十年前，他犧牲在"蔣該死"的屠刀下。
人民政權的奠基石啊，
灑滿了革命先烈的血花。
而今天，
在兩個階級生死決戰的關鍵時刻，

哥哥又高舉"鋼工總"的大旗，
在殷紅的血泊中倒下……
爲了捍衛毛主席的革命路線，
他年輕的生命，迸發出萬丈光華！

想一想吧，媽媽，
活著的人應該幹些啥？
難道烈士的鮮血能夠白流，
難道能眼看陳再道之流把革命派屠殺？
難道毛主席的革命路線我們不去捍衛，
難道能讓資產階級重新統治我們的國家？
造反派從來不會向階級敵人低頭，
頂天立地的英雄從來不怕鎮壓和屠殺！

我走了，媽媽！
請你再一次告訴隔壁受蒙蔽的那一家，
叫他們別再爲階級敵人賣命，
跳出罪惡的泥坑，我們還是歡迎他。
"百萬雄師"中的一小撮壞頭頭，
一定逃不脫歷史的懲罰！
敵人的瘋狂，只不過是滅亡前的垂死掙扎。
最後的勝利一定屬於我們，
無產階級革命派永遠殺不絕，壓不垮！

再見了，媽媽！
我們的最高統帥毛主席，
命令我立即出發！
階級鬥爭的疆場任我馳騁，

門庭梨院怎能橫槍躍馬？！

等著我們勝利的捷報吧，媽媽，
總有一天，我們會歡聚在紅旗下，
為奪取文化大革命的徹底勝利，
兒誓做千秋雄鬼死不還家！

寫於 1967 年 6 月

（原載《武漢戰歌》武漢鋼二司宣傳部 1967 年 8 月）

金訓華之歌（節選）

仇　學　寶

一、琴弦一動響雲天

　　── 歌手的話
是誰站在彩雲間？
笑迎紅太陽，
銀鋤扛在肩；
喜看神州一千河，
紅旗滾滾萬山巔；
一曲高歌起，
磅礴響雲天 ──
　　"活著就要拼命幹，
　　一生獻給毛主席！"

毛澤東時代育新人，
英雄輩出頂天立，
文化革命出闖將，
廣闊天地湧豪傑；
才聽黃山壯烈歌，
又傳北疆英雄曲！

英雄的歌呵，
多壯烈！
天上嫦娥
灑淚舞；
地上大江
浪拍天！
綿綿崑崙松濤湧，
巍巍井岡春雷激；
千山迴響一個音 ——
學習英雄爭朝夕！

要唱英雄的歌呵，
要走英雄的路，
英雄的一生是詩篇。
一行行呵，
一篇篇，
二十年青春似火焰；
繼續革命大道上，
一桿紅旗當空立！
放聲歌唱金訓華，
琴弦一動，
響雲天！

二、童年的歌

—— 母親的話
凱歌傳來，
心潮如浪；

望遠方，
英雄屹立彩雲上！
他是工人階級的好後代，
新時代的年輕闖將！
樹有根呵，
水有源，
萬物生長靠太陽。
訓華的成長呵，
全靠黨的雨露，
毛主席的陽光！
他生下那年，
正是四九年
二月春上。
他和新中國同年誕生，
趕上了呵，
翻身解放的好時光；
漫長的黑夜
將逝去；
紅日東昇
天快亮！

我抱著訓華坐月子，
日日夜夜
在盼望！
盼望恩人毛主席，
快把工人來解放；
盼望人民子弟兵，
早日飛渡過大江！

未滿月子呵，
去上工，
偷抱著訓華進紗廠。
進廠沒處放呵，
只好把他
鎖在更衣箱！
我人在織布機旁，
心在兒身上；
只怕他哭嚷起來，
被工頭聽見，
母子一起趕出廠！

可是他呀，
不哭，也不嚷，
睜著一雙大眼睛，
乖乖地躺在更衣箱；
好像他也懂得，
工頭的兇殘，
資本家的黑心腸……
想起自己童年苦呵，
訓華一代要見陽光！
只盼親人快快來呀，
只盼親人從天降！

一天天喜訊
傳捷報；
一夜夜炮聲

更響亮；
炮火連天紅旗來呵，
炮聲就是親人的腳步響！
苦難的歲月，
熬出了頭，
五星紅旗，
當空揚！'
毛主席登上了天安門呵，
巨手一揮天地亮！
從此訓華這一代呵，
見到了紅太陽；
他像一棵新松，
在春風裡成長！

— 歌手的話
訓華從小有志氣，
階級苦難他不忘：
跨進學校門，
他明白，
父輩的一生呵，
戰場監獄做課堂；
戴上紅領巾，
他知道，
烈士的鮮血染紅旗
紅旗的一角披肩上；
下廠去勞動，
他懂得，
工人階級砸碎了鐵鎖鏈，

革命的大鎚接手上；
下鄉戰三秋，
他牢記，
貧下中農的再教育，
憶苦思甜永不忘⋯⋯

他常說 ─
只有不忘階級苦，
才能時刻想到，
地球上還有多少人民沒解放；
只有牢記血淚仇，
才能真正懂得，
毛澤東思想為窮人謀解放！
二十年來呵，
他一步一步，
沿著毛主席的革命路線，
天天向上！
他如饑似渴，
學習毛澤東思想；
毛澤東思想像一座煉鋼爐，
把他煉成鐵金剛；
敢向驚濤煉紅心，
奮身撲向萬里浪！

三、步步走在紅線上 ── 教師的話

記得那一年
毛主席著作又發行。
訓華連夜去排隊，
冒著凜冽寒風雪花揚；
書店門口呵，
人山人海，
排了整整一夜時光！
心中渴望毛主席的書呵，
不怕風刺骨，
雪花披肩上；
冷了，
他跺跺腳，
頂風冒雪跑一趟；
睏了，
他抓一把雪，
擦在臉上；
天亮請來毛主席的書呵，
歡天喜地，
一路回校一路唱，
四卷雄文舉手上！

從此他天天讀，
邊讀邊記邊深想；
多少回巡察閱覽室，
他還獨自深夜寫筆記，

披肩的棉襖落地上！
寫下日記十八本呵，
行行頁頁閃金光；
十八本日記千萬字呵，
字字歌頌紅太陽。
毛澤東思想像燈塔，
指引他前進方向，
狂風暴雨撲不滅，
萬重迷霧不迷航！

當年劉賊刮妖風，
破壞毛主席的教育方針，
陰險又猖狂；
炮製教育黑 "十條"，
砍掉學習毛主席著作，
腐蝕青年迷方向 ──
"兩耳不聞窗外事，
一心唯讀聖賢書"，
流毒多深廣！

林副主席挽狂瀾，
號召大學毛澤東思想！
一聲春雷動，
訓華緊跟上！
挺身而出頂逆流，
黑板報上寫文章 ──
"毛澤東思想是命根子，
不學就會迷方向；

白專道路要狠批，
政治是靈魂絕不能忘！"

他帶頭成立《毛澤東選集》學習組，
紅旗高高舉手上；
開展 "紅專" 大辯論，
他一番壯語永難忘 ──
"祖國歷史幾千載，
人類航程幾百年，
才孕育出 ──
天才的毛澤東思想！
靠了他，
中華民族頂天立，
祖國山河放光芒；
靠了他，
世界革命創新天，
五洲四海紅旗揚……
我們要
一輩子讀毛主席的書，
永遠堅持
正確的政治方向！"
英雄挺身掃妖霧，
革命小將齊跟上！

從此班級面貌改，
一派蓬勃新氣象 ──
清晨軍訓戰歌響，
夜讀雄文聲朗朗……

訓華緊跟毛主席，
步步走在紅線上！

四、衝在浪尖上 — 紅衛兵戰友的話

含淚想戰友，
熱血燃胸膛。
三年文化大革命，
同一個戰壕打過仗；
他一顆紅心似火焰，
政治敏感是闖將！

記得三年前，
文化革命前哨戰，
轟轟烈烈已打響。
一天深夜裡，
同學們早睡了，
宿舍裡鼾聲呼呼響。
獨有訓華戰友，
還等在學校門房；
直到深夜，
遲到的報紙才拿到手上。
他翻開報紙看呵，
怒火衝萬丈！——
"三家村" 的黑話，
好比蛇蠍噴毒漿！
他飛奔到宿舍，
喚醒同學們，

兩眼噴火光；
他大聲念材料，
臉色完全變了樣；
突然鐵拳高高舉，
"砰"的一聲
猛擊桌面上！──
"怎能容忍，
這群野心狼，
如此惡毒誹謗，
偉大的毛澤東思想！

"同學們呵，
絕不能把這場文化大革命，
看看打筆墨官司，
與我無關；
這是最糊塗的思想！
想當年，
匈牙利事件，
不就是一批搖筆桿的黑幫，
掀起滔天黑浪？
如今'三家村'一夥，
猖狂反黨，
把一支支毒箭，
射向我們心中的紅太陽！

"同學們呵，
山雨欲來，
風滿樓；

敵人磨刀，
霍霍響；
這是一場生死搏鬥，
怎能夠，
偃旗息鼓放刀槍？
爲了保衛毛主席，
保衛黨，
我們要張弩拔劍，
殺上戰場！
激烈的階級搏鬥呵，
才是我們真正的課堂！"……

訓華奮臂呼，
同學們紛紛跳下床，
高唱戰歌震夜空，
連夜上戰場！
筆尖上，
凝聚著階級仇恨，
墨汁裡，
燃燒著憤怒的火光！
訓華揮筆寫呵，
字字是子彈；
一幅幅漫畫，
一把把尖刀；
一篇篇文章，
一門門炮響！
半夜奮戰到天亮，
訓華奔向水龍頭，

衝一衝頭腦，
再上戰場！
他抹一把水珠笑著說 ──
「我們要徹底砸爛，
'三家村' '一個雞蛋的家當' ！」

校院裡，
課堂上，
到處是陣陣吼聲，
到處是怒濤巨浪；
咱們的訓華戰友呵，
衝在浪尖上！

五、烈火煉純鋼 ── 母親的話

文化革命出闖將，
戰鬥烈火煉純鋼。

訓華緊跟毛主席，
衝在浪尖風口上！

記得他第一次上北京，
臨別輕聲對我講 ──

「毛主席要接見紅衛兵，
今夜我們就北上！

「圍攻咒罵我不怕，

革命哪能怕風浪？

"疾風才能知勁草，
青松最愛鬥雪霜；

"紅心向著天安門，
路線鬥爭絕不能讓！

"此去北京你莫掛牽，
要向毛主席匯報情況；

"堅決捍衛《十六條》，
幾朵烏雲遮不住太陽光；

"定將革命搞到底，
誓保紅色江山萬年長！"

訓華剛想跨出門，
突然闖進一位"幹將"！

他甜言蜜語哄訓華，
陰陽怪氣把毒放：

"你是工人階級的好後代，
最近你的行動很不正常……"

"工人階級教育我，
步步走在毛主席的航線上！"

"你帶頭貼的《十問》大字報，
矛頭所指有文章。"

"《十問》大字報就是好，
字字句句捍衛黨！"

"你還組織什麼《六敢》隊，
擔心你會上壞人的當。"
"敢想敢說敢革命，
才像早晨八九點鐘的太陽！"

"我勸你還是快回頭，
千萬不要去北上。"

"北上去見毛主席，
爲什麼你們這麼慌？！"

"好，你一定要走我不強留，
不過，將來的後果你承當！"

"爲了保衛毛主席，
願把生命獻給黨！"……

訓華說罷回身轉，
撒開大步響噹噹！

只有心紅膽才壯，

忠於毛主席才有力量！

他步步緊跟紅司令，
風裡雨裡不迷航！

轉戰南北經風雨，
大風浪裡志如鋼；

高舉"對反動派造反有理"大旗，
衝殺在激戰前方！

多少個深夜未歸來，
多少個半夜跳起床；

軍裝破了沒時間補，
頭髮長到後頸上；

問他何時能休息，
笑答："活著就要拼命幹！"

"不把紅旗插全球，
革命戰士不下崗！"

六、英雄見到了毛主席一歌手的話

誰能忘記呵。
這最幸福的時候！
八月晴空，

紅霞萬道，
天地紅透。
看呵，
天安門前，
紅旗如海，
頌歌如濤，
響遍神州。
五湖四海小將。
風華正茂，
匯集成，
一支浩蕩鐵流；
一副鐵打身架，
一身父輩軍裝，
把最幸福的時刻，
急切等候。
我們的金訓華呵，
手撫巍峨華表，
心兒早已飛到，
金色的城樓；
急急盼呵，
凝凝望，
多少回夢裡，
見到了偉大領袖，
如今就要親眼看見。
最敬愛的偉大舵手！

聽呵，
一曲《東方紅》，

雄偉高奏；
金水橋畔紅浪起，
千萬個小將熱淚流 ——
看呵，
毛主席來了，
微笑著，
健步登上天安門城樓！
頓時間呵，
戰鼓轟隆震天宇，
滿天朝霞舞紅綢；
萬歲呼聲春雷動，
萬歲紅旗捲巨流；
"毛主席萬歲！"
"毛主席萬萬歲！"
千萬本《毛主席語錄》舉過頭！

訓畢透過喜淚看呵 ——
日夜想念的偉大領袖，
身穿綠軍裝。
紅光滿面，
微笑頻招手！ ——
"你們要關心國家大事，
要把無產階級文化大革命進行到底！"
偉大的教導響心頭！
抹一抹淚花高聲呼：
"毛主席萬歲！"
英雄的心裡呵，
熱血在奔流 ——

毛主席呵，
最偉大的舵手。
是您駕著革命航船，
指揮百萬雄師，
幾十年艱苦奮鬥 ──
繞暗礁，
過險灘，
萬里長征闖急流，
贏得紅旗滿神州，
紅色江山到了人民的手！
奪取勝利更向前呵，
繼續革命不停留；
發憤圖強換日月，
創建鐵打新山河；
三面紅旗高高舉，
頂天立地反帝修；
太平洋畔立巨人，
紅光萬里照宇宙！
毛主席呵，
最英明的舵手。
如今又是您親自領導，
人類史上第一次，
防修反修的壯麗戰鬥！
億萬人民齊奮起，
向一小撮，
牛鬼蛇神，
宣戰搏鬥；

誓保江山不變色，
紅旗萬代飄九州！
是您以天才的膽略，
驚天動地的氣魄，
激勵我們青年一代，
投入這場偉大戰鬥！

毛主席呵，
您的紅衛兵，
絕不會，
把您的期望辜負；
誓死保衛您的革命路線，
刀山火海含笑赴，
虎穴龍潭敢搏鬥；
仇恨早已集胸膛。
萬丈長纓握在手；
誓把一切害人蟲，
殺個片甲不留！
高舉您的偉大紅旗，
把革命火種，
遍播神州！
……

看呵，
紅浪滾滾，
千萬個小將，
湧向城樓。
"萬歲萬歲毛主席"，

十萬個春雷震地球！
我們的金訓華呵，
急忙掏出筆，
用滾滾的喜淚，
記下這終身難忘的時候！

　—— 紅衛兵戰友的話

毛主席的接見，
給了我們無窮的力量！
第二天早晨，
東方微亮。
訓華帶領戰友，
第一次佩上紅臂章；
迎著東升的紅日，
排列成行，
奔向天安門廣場；
我們登上人民英雄紀念碑，
紅旗高高舉手上；
向革命先烈莊嚴宣誓 ——
誓死保衛毛主席的革命路線，
敢將熱血灑疆場！
……

就在這一天呵，
吳淞二中第一支紅衛兵戰鬥隊，
誕生在天安門廣場！
它像一支小小火炬，

燃起了熊熊火光……

七、火炬的光源 ── 教師的話

火炬的光源，
來自紅太陽！
訓華和他的戰友，
從毛主席身邊歸來，
連夜上戰場 ──
刷標語，
講演會，
印傳單……
大張旗鼓，
宣傳毛主席的革命路線，
宣傳革命鬥爭大方向！
多少同學，
覺醒過來，
心胸豁然開朗；
多少小將，
戴上紅臂章，
站到毛主席的革命路線上！
衝破資反路線，
敢想敢闖；
學校裡一派熱氣騰騰，
一幅動人景象！

可是那幾天呵，
我正病倒在床上。

革命像大海怒濤，
掀起衝天巨浪，
衝擊著一切妖魔鬼怪，
也衝擊著
每個人的靈魂、心房！
多想找訓華呵，
談談思想！

記得那天深夜，
月明如水，
滿天星亮。
時鐘剛敲完，
十二響；
突然門開了，
訓華進屋來，
穿著一身軍裝；
看他風塵僕僕，
滿面紅光，
鐵打身架紅袖章，
英姿多颯爽！
他人未坐下，
就打開筆記本，
微笑對我講 ——
　"我給你帶來了，
毛主席的聲音，
紅太陽的光芒！"

我趕忙坐起身，

本子捧手上。
呵！
紅鋼筆寫的標題呵，
光芒萬丈 ——
《炮打司令部》，
好比雷霆萬鈞，
萬道閃電，
把天地照亮！

訓華無比激動，
他走到窗前，
緊握鐵拳兩眼火光 ——
"你看，
多危險呵，
以劉少奇爲首的資產階級司領部，
埋伏在，
我們黨的心臟；
他們蠢蠢欲動，
等待時機，
睜著綠幽幽的目光；
假如我們喪失警惕，
任其存在，
聽其發展，
那麼一旦反革命陰謀得逞，
革命紅旗，
將要改變顏色，
萬里山河，
又會被雲迷霧障；

全國人民，
就會像現在的蘇聯人民那樣，
重新被資產階級，
騎在頭上！

"請想一想，
如果不是
我們天才的領袖毛主席，
以尖銳的眼光，
洞察一切的光輝思想，
及時地抓住了
他們的黑手，
那麼，祖國的命運，
將會變成什麼模樣？
世界革命，
將要延遲多少時光？
就在這決定祖國命運的關鍵時刻，
就在這決定人類命運的關鍵時刻，
我們英明的舵手毛主席，
一聲炮打，
粉碎了帝修反的夢想，
捍衛了紅色江山，
捍衛了人類希望！
這張大字報，
像光芒萬丈的燈塔，
劈開迷霧，
把文化大革命的航道，
照得通亮！"

靜靜的小屋裡呵，
像一陣陣春雷，
在我心上回蕩。
訓華抬頭凝望，
燦爛的北斗星，
眼眶裡，
閃耀著晶瑩的光芒！
他沉靜了好一陣，
然後坐在床沿上，
深沉地講 ——
"幾天來呵，
一個強烈的責問，
扣動在我心上：
爲什麼，
爲什麼呵，
自己的路線鬥爭覺悟，
這樣低，自己的眼光，
這樣迷茫？
十多年來，
毛主席一個接一個光輝指示，
黨內一場接一場階級鬥爭風浪，
不是早就給全國人民，
把警鐘敲響 ——
要警惕，
赫魯雪夫式的野心家，
篡政篡黨！
可是我們呢？

心不明，
眼不亮，
真是掉了腦袋，
還沉睡在夢鄉！
這是多麼深刻的教訓呵，
我們一定要終生牢記，
絕不能再忘！」……

當當當，
時鐘又敲響，
啟明星已亮在東方。
訓華臨走握著我手說——
「勇敢投入戰鬥吧，
站在毛主席的革命路線上！
我們要把毛主席的大字報，
傳到四面八方，
傳到農村，
傳到工廠，
傳到漁船，
傳到煉鋼爐旁，
喚起工農千百萬，
同心幹，
徹底摧毀資產階級司令部，
血戰一場！」

二十六、為革命站崗 ── 民兵連長的話

曙光升，

東方亮。
青松林裡閃金光。
民兵巡夜歸，
寒露濕軍裝。
小金帶隊走在前，
邁步挺胸膛！

多少個深更半夜天，
小金扛著槍，
村外去站崗。
警惕的目光，
巡視四方 ——
查田頭，風雨撲滿懷；
守糧倉，軍裝披月光；
護堤壩，草鞋沾泥漿；
他念念不忘呵，
階級鬥爭展覽館，
驚心動魄一樁樁 ——
富農月黑燒麥垛，
地主夜翻變天賬……
一顆紅心。
時時刻刻，
為集體放哨，
為革命站崗！

一天晚上，
省裡派來京劇團，
慰問貧下中農，

演出《智取威虎山》。
喜訊傳來，
全村男女老少，
個個喜氣洋洋；
爭上渡船過河去，
一片笑笑嚷嚷。
小金熱愛革命樣板戲，
可他上了渡船又跳下岸；
他飛奔回屋背鋼槍，
跑來對我講 ——
「連長，
今晚上，
我加一崗！」
多好的戰士呵，
警惕性多強！
就在這一夜，
他在巡邏的時候，
路過村邊飼養場。
抬頭猛見 ——
富農家的煙囪裡，
噴出一團團火星，
隨風飄揚；
有幾顆火星呵，
飄落飼料草垛上！
小金擰起兩道劍眉，
警惕地想 ——
為什麼這麼晚了，
灶火還燒得這麼旺？

一定有文章！

他剛奔到院門口，
聽見屋裡小孩嚷 ──
"不好囉，
火星落在料草上！"
"你嚷啥，
管它燒個精光！"……
小金一聽火萬丈，
他一步闖進去，
只見那傢伙，
拼命把火燒旺；
小金猛揭鍋蓋看 ──
滿鍋水早已沸滾了，
騰騰的熱氣直衝他臉上！
小金大聲喝道 ──
"你搞什麼鬼花樣？"
"我……我……"
敵人頓時著了慌，
話也答不上……
民兵聞訊齊趕到，
連夜召開批鬥會；
鬥得敵人認了罪，
一個陰謀破了產！

民兵會上表揚他，
小金緊握鋼槍講 ──
"是鐘大娘的憶苦飯，

把我的眼睛擦亮；
是王大爺身上的傷疤，
使我念念不忘，
斑斑血淚一椿椿！
只要階級還存在，
鋼槍永遠不能放！
要把警惕，
凝在準星；
要把仇恨，
裝進槍膛；
要把紅心，
扣在扳機；
要把一身勇敢，
聚在刺刀尖上！
毛澤東思想武裝我，
我把槍武裝！
誓死保衛人民公社，
誓死保衛祖國邊疆！"
……
曙光升呵，
東方亮。
登山頂呵，
望朝陽。
小金挺胸扛著槍，
滿懷深情高聲唱 ——
毛主席呵，
您的紅衛兵，
一輩子爲您站崗！

二十七、鋼槍在肩擊浪遊 ─ 歌手的話

一天下午，
民兵們聚集在河口。
訓練武裝泅渡，
擊水中流！
望著雙河水呵，
波濤洶湧，
滾滾急流。
敢不敢跳下去？
這是考驗的時候！

小金猛想起，
三年前的今天呵，
 ─ 六六年七月十六日，
我們偉大領袖毛主席，
暢遊長江，
喜訊震全球！
頓時間呵，
一幅光輝畫面，
亮在他心頭 ─
毛主席呵，
輕舒巨臂，
激浪奔騰萬里遊！……
 “大風大浪也不可怕”，
一聲春雷響心頭；
鼓舞小金英雄膽，

奮身一躍闖急流；
民兵們緊跟跳下河，
撲向驚濤去搏鬥！

看！
我們的小金，
千里驚濤中，
鋼槍在肩，
頂浪暢遊！
漩渦，
考驗他的機智，
巨浪，
鍛煉他的膽略，
逆流，
試探他的勁遒；
胸有朝陽何所懼，
偉大舵手在前頭！
小金揮臂劈巨浪呵，
身在驚濤，
浮想聯翩，
心底捲巨流 ──
幾十年來呵，
偉大舵手毛主席，
就是在革命歷史長河裡，
迎著階級鬥爭大風浪，
擊浪奮遊 ──
湘江中流擊秋水，
井岡山上炮聲隆，

飛渡雪山不下鞍，
跨過長江追窮寇，
廬山峰頂掃亂雲，
北戴河上春雷吼……
風浪搏鬥幾十年呵，
贏來春色滿神州！
偉大實踐驚天地，
光輝榜樣照千秋！……

行星圍繞太陽轉，
戰士緊跟偉大領袖；
想起毛主席呵，
膽更壯，
志更堅，
臂如翅膀拍浪頭；
小金飛騰一躍起，
衝過漩渦，
偏向險處遊！

看！
我們的小金，
千里驚濤中，
鋼槍在肩人歡笑，
劈浪奮遊！……

二十八、風雨夜送最新指示 — 烈屬鍾大娘的話

風雨夜，二更時光。
忽聽窗外，有人在敲窗！

是誰呀？這麼晚了，
我趕忙披衣起床；

打開門一看，只見小金子，
一把雨傘，兩腿泥漿！

"大娘，毛主席最新指示發表啦，
我們連夜刻印給您送上！"

多好的革命小將呵，
雷厲風行，宣傳毛澤東思想！

我急忙把他迎進屋，
把油燈，挑得更亮。

我把一家老小都叫醒，
學習最新指示，圍坐炕上；

小金子一字一句地念，
把毛主席的聲音，傳到俺心上 —

"我贊成這樣的口號，

　　　　叫做'一不怕苦,二不怕死'。"

　　　十八個大字像十八盞金燈,
　　　照得俺貧下中農心裡亮堂堂!

　　　　"大娘,您是縣積代會代表,
　　　請您講講,學習最新指示的感想!"

　　　小金子處處謙虛謹慎,
　　　拜貧下中農爲師,刻苦向上;

　　　我笑著對他說:"小金子,
　　　今天大娘要聽你先講。"

　　　他望著我兒子的遺像,
　　　一句一句深沉地講 ——

　　　　"剛才我聽到最新指示,
　　　就馬上想起您家大哥的英雄形象;

　　　　"他才是一不怕苦二不怕死的英雄,
　　　是我終身學習的光輝榜樣;

　　　　"大哥他是貧下中農的好後代,
　　　像一株萬丈青松,屹立在邊疆!

　　　　"他在蘇修強盜炮口下,
　　　氣壯山河,像一座巍峨泰山!

"他敢向惡鬼爭高下，
一把斧頭，鬥豺狼；

"他不怕水龍衝在身，
頂天立地，賽金剛！

"他身中幾顆蘇修子彈，
還依然挺立船頭上！

"他高呼口號驚天地，
壯烈凱歌，響徹黑龍江！"……

說到這裡，他站起來，
兩眼噴出，火一樣的光 ──

"為什麼大哥，他這樣勇敢？
只因他，貧農的心中有朝陽！

"記得，大娘曾對我介紹過，
大哥生前的光輝思想 ──

"他說，只有平時不怕苦，
戰時才能不怕犧牲鬥志昂！

"他說，只要胸中有座天安門，
刀山火海，也敢闖！

　　"大哥的壯志，我繼承，
　　大哥的豪言，我記心上！

　　"我要學習，大哥的革命精神，
　　用最新指示，把自己武裝；

　　"時時處處，來對照，
　　平時敢於，迎風浪；

　　"苦字當中，煉紅心，
　　虎穴龍潭，要去闖；

　　"寧爲公字，把身獻，
　　不爲私字，把命藏！

　　"一旦蘇修來侵犯，
　　願將熱血，灑疆場！

　　"做一個重於泰山的人，
　　大哥就是我的好榜樣！"……

　　小金子突然抓住我手說，
　　滾滾熱淚灑軍裝 ——
　　"大娘，請把我當做你的親兒子吧．
　　我要繼承大哥遺志，
　　終身戰鬥在北疆！"……

　　窗外風更大呵雷更響，

閃電照得屋裡晶晶亮！

我摟著小金子含淚笑 ——
　"你就是俺貧下中農的好兒子，
　跟你大哥一個樣！"
……
這個風雨夜呀，
叫我永難忘；

我要告訴千千萬青年，
要學習小金子的榜樣！

　—— 母親的話

訓華曾來信告訴我，
他在邊疆認了一位親娘；

能有這樣的英雄母親做我的大姐，
我心裡，感到萬分榮光！

貧下中農的崇高品質，
哺育他更加成熟、剛強；

鼓勵他走上英雄的道路，
獻身於偉大的革命理想！

二十九、山洪來了 — 歌手的話

連日暴雨，
山林裡。
奔騰著泥水千條。
雙河裡呵，
水位猛漲，
濁浪滔滔。
全村總動員呵，
搶修防洪堤壩，
十里紅旗堤上飄！

看，
訓華和戰友們，
挑泥筐，
扛砂包，
頂著風雨飛跑。
幾天來呵，
搶運泥磚，
修蓋民房，
開溝排澇……
小金累壞了！
看他眼睛熬紅，
下巴瘦消；
社員勸阻他，
隊長下命令，
也都攔不住他呵，

直向堤上跑 ——
"活著就要拼命幹，
一生獻給毛主席"，
英雄壯志比天高！

防洪堤上，
熱氣騰騰，
人歡馬叫。
公社的口號多雄壯 ——
"戰勝洪水保衛豐收，
龍口搶出萬頃糧草！"
扁擔追扁擔呵，
砂包趕砂包，
抗洪堤上人如潮！

猛然間，
電柱上喇叭響，
天安門傳來反修新戰報 ——
蘇修社會帝國主義，
又在我國邊疆猖狂騷擾！
頓時間呵，
防洪堤上，
響起震天口號；
憤怒的吼聲，
把風雨雷電壓倒！
訓華跳上最高點，
奮臂高呼，
仇恨烈焰胸中燒 ——

"毛主席教導我們：
'絕對不要被反動派的
其勢洶洶所嚇倒'。
萬里江山萬里營，
我們要時刻準備好！
緊握手中鋼槍，
磨亮手中梭標！
一旦敵人敢侵犯，
衝上戰場拚刺刀；
叫它嘗嘗，
毛澤東時代青年的鐵拳，
雪亮的梭標！

"同志們，
我們要把洪水，
當做社會帝國主義打，
我們
要把風雨，
當做反修戰場的風暴，
練一身過硬本領，
誓把豐收保！"

雨更猛，
風更大。
小金扛起砂包，
堤上來回跑，
跌倒又跳起，
越幹勁越高 ——

"活著就要拼命幹，
一生獻給毛主席"，
英雄的壯語響雲霄！
……

戰鬥的日子過得快呵，
訓華到邊疆，
七十六天了！
七十六頁日記呵，
青春的火焰在燃燒！
誰能想到？
他最後一頁日記呵，
光照人間
寫在明朝！
就在抗洪的第二天，
我們的年輕英雄，
壯烈犧牲了！
然而就在他犧牲前的一天，
他的生命，
發出了金光萬道！
……

三十、英雄犧牲前一天 ── 大隊支書的話

防洪壩上，
接連幾天惡戰，
小金子幹得太猛了！
他腸炎復發，

下午發高燒！
我只好下命令，
強迫他休息，
回去睡覺！

—— 插隊戰友的話

可是，
我陪他到宿舍，
他並沒有睡覺。
吃完藥，
就坐在炕上寫信。
一封寫給金媽媽，
一封寫給戰友小姚。

—— 母親的話

在這封信裡，
訓華寫道：
"媽，近日來，
邊疆的火藥味，
越來越濃了；
敵人在調兵遣將，
張牙舞爪；
我早已作好充分準備，
一旦戰火起，
爲祖國，
甘將熱血拋！

好媽媽，
您是共產黨員，
如果萬一，
我在戰場犧牲了，
您不要難過，
應當爲我驕傲！
因爲，您的兒子，
把青春，
獻給解放人類的事業，
無上榮耀！
他沒有辜負，
工人階級的撫養，
貧下中農的教育，
偉大導師毛主席的英明教導！"
……

　── 上海同學小姚的話

自從 "五四" 那天晚上，
我和訓華告別後，
他一直來信向我勸告。
這回又讀到他的信，
羞愧的火焰，
在我胸中燃燒。
他滿腔熱情寫道 ──
　"上次臨別談話，
常後悔，
態度有些急躁；

然而一片用心呵，
是爲你心焦！
我不忍心，
看著一同戰鬥過的戰友，
往泥坑裡掉！

　"曾記得，
天安門前，
人民英雄紀念碑前，
我們共同宣誓 ──
永遠緊跟毛主席，
爲革命，不怕腦袋掉！
曾記否？
韶山峰頂，
山溪澗畔，
革命詩情如海濤；
我們曾一起寫過 ──
　'喝過韶山清泉水，
革命青春永不凋'，
然而曾幾何時，
你卻漸漸忘掉！

　"戰友呵，
革命的洪流，
滾滾向前，
你再不能猶豫了！
快到邊疆來吧，
祖國在期望你，

貧下中農在等待你，
讓我們重新會師一道，
並肩戰鬥在，
反修前哨的戰壕！」……
誰想到，這竟是他
最後一封信，
跟他壯烈犧牲的消息，
一起收到！
我何以回答訓華？
只有把決心表 ──
堅決到邊疆去，
高舉英雄的戰旗，
走英雄的大道！

─插隊戰友的話

他剛寫完信，
赤腳醫生趕來，
給他送藥。
訓華忙問道：
"貧農王大嫂女兒的手，
針灸的效果好不好？"
醫生搖搖頭說道 ──
"我有點害怕，
針要扎得很深，
又是新的穴道！"……
訓華馬上撩起衣袖說 ──
"來！給我扎吧，

試一試針效！"
醫生哪裡肯？
訓華拉住她手說道 ——
"只有嘗一嘗梨子，
才曉得梨子的味道；
來吧，大膽扎，
我的膀子受得了！"……
他忘了自己身在病中，
卻把貧下中農子女的病痛，
時刻記牢！

—— 大隊支書的話
這一夜，
他的體溫很高。
第二天早上，
我又叮囑他，
繼續休息，
安心睡覺。
他笑著點點頭，
誰知我前腳走開，
他又朝洪水猛漲的堤上跑！

—— 插隊青年小康的話

他剛要上堤去，
被我一把拉住了。
我說支書有命令，
不准你亂跑！

可他笑著說 ──
"這種小毛病，
出身汗就好！"
說著他又回屋打開背包，
拿出一本新買的日記本，
贈送給我說道 ──
"最近防洪鬥爭中，
你的表現很好；
希望你記下這前進的腳印，
永遠沿著毛主席的革命路線，
奮勇飛躍！"
……

萬萬想不到呵，
這竟是他，
最後一次對我的幫助，
下午就壯烈犧牲了！
……

三十一、壯烈凱歌衝九霄 ── 大隊支書的話

永遠記住吧 ──
一九六九年八月十五日，
下午四點剛敲。
突然間，
山洪更猛漲，
江河橫溢，
雙河兩岸浪滔滔。

農田一片水，
大樹連根倒！
渡船過江鋼纜繩，
也被洪水衝崩掉！
正在這時候，
民兵連長來報告 ——
一百五十根電柱，
讓洪水泡上了；
隨時有危險，
被洪水衝掉！

情況萬分緊急，
戰備的物資呵，
一定要保護好！
小金子聞聲挺身出 ——
"保護電柱要緊，
這個任務交給我！"
說罷帶領民兵飛奔去，
滿天烏雲紛紛逃！
小金子趕到河邊，
濁浪更咆哮，
山洪洶湧撲河岸，
浪花半空拋！
一排巨浪撲上岸，
捲去兩根電柱，
藏進波濤；
每秒七八米，
箭一般快，

奔騰而去，
惡浪在獰笑！

惡浪在獰笑，
小金子胸中怒火燒：
傳遞紅色電波的電柱呵，
豈能讓山洪吞掉！
他沿河猛追去，
甩掉外套；
什麼水流急，
何懼浪滔滔，
統統腦後拋！

　── 歌手的話

他七十七天攀高峰，
步步不動搖！
眼前亮起，
霞光萬道 ──
胸膛堵槍眼，
手托炸藥包，
烈火撲滿身，
橫眉對鍘刀……
千萬英雄爲人民，
活學活用看今朝！
大喝一聲天地動 ──
　"跟我下，
馬上撈！"

小將壯志撼山嶽，
一躍衝向萬里濤！
三位民兵戰士，
跟著也向急流跳！……

—— 大隊支書的話

我見小金子跳下水，
急忙飛奔大聲叫 ——
"小金子快回來，
太危險了！"
英雄奮臂擊狂浪，
一聲回答響雲霄 ——
"爲人民而死，
就是死得其所。"
驚天動地山在搖！

—— 歌手的話

天地動呵，
山在搖，
英雄搏鬥在驚濤！
向著電柱衝，
海燕迎風暴；
一陣巨浪撲上身，
劈開漩渦志更高；
他望著前面的電柱，
彷彿看見 ——

一排排電柱矗藍天，
傳遞著反修捷報；
彷彿聽見 ——
電柱上傳來毛主席的聲音，
天安門前歡聲似海濤……
向電柱衝呵，
身在浪峰躍！
又一陣巨浪撲上身，
捲進漩渦不動搖；
飛騰出水再衝刺，
英雄昂首在微笑 ——
"下定決心，
不怕犧牲，
排除萬難，
去爭取勝利。"
百尺濁浪腳下倒！
三次衝刺呵，
三次沉浮，
生死考驗心不跳；
攀上"公"字高峰頂，
面對狂浪鬥志高！
突然間，
又一股漫甸子洪水衝下河，
掀起漩渦千百道；
訓華和三位民兵戰士，
被洪水捲走了！

—— 民兵連長的話

洪水像發了瘋，
呼嘯而去，
一瀉千里浪咆哮！
我立即率領民兵小隊，
沿河飛奔，
猛追狂濤；
在我們身後呵，
跟著全村男女老小！
飛跑了十里路呵，
看見了，
看見了，
兩個人影衝上岸，
飛奔上前瞧：
原來是兩位民兵戰士，
他們同聲喊道 ──
"別管我們，
快把小金子找！"……

"小金子呵，
小金子，"
我們一路奔路一路叫！
不管路多遠，
就是找到天邊，
也要把他找到！
呵，看見了，
看見了，
又一個人影，

在浪裡拋！
兩個戰士跳下水，
水中人影大聲叫 ——
"別管我，
快向前跑，
小金子被衝到遜河去了！"

繼續向前追呀！
風在呼，浪在嘯，
天在轉呀，地在搖；
天色漸漸黑，
洪水直瀉流得更快了！
整整追趕了五十里呵，
一步一聲叫 ——
"小金子呵，
小金子！"
可是，
我們的親人小金子，
一直沒找到！

　—— 烈屬鐘大娘的話

天黑了，
全村男女老少，
站在河邊望呵，
不想吃，
不想燒，
要等小金子回來呀，

跟俺貧下中農，
把雙河宏圖再繪描；
多麼盼望他呀，
扛著電柱歸來，
一路唱歌一路笑！……

　　—— 插隊戰友的話

訓華出事的時候，
有位同學不知道。
他剛從縣裡回來，
一聽到這不幸消息，
馬上奔到河邊大聲叫 ——
"訓華呀，
我一定要把您找到！"
說罷奮身跳下河呵，
擊浪奮遊追狂濤；
一直游了二十多里路呵，
才被民兵救起來了！
他醒來大聲問：
"訓華，有沒有找到？"……

　　—— 大隊支書的話

風在河面喊，
月在雲裡照；
十里青松林，
松濤在呼號；

山山起回音呵，
都在把親人叫──
小金子呀，
小金子，
我們就是舀乾雙河水，
也要把您找到！

這一夜呵，
全村社員沒睡覺；
趕車老大斧站在河邊，
整整站了一宵……
全村燈火通夜明呵，
只盼親人能找到……

三十二、凱歌輝耀萬人心 ── 歌手的話

雙河邊呵，
人如潮；
瞻英雄呵，
望雲霄：
小將屹立彩雲間呵，
身披彩虹光萬道！
萬株青松滴翠淚，
千座蒼山脫雲帽；
凱歌輝耀萬人心，
誰不熱血騰？
心潮逐浪高！

毛澤東時代育英雄，
"春風楊柳萬千條"。
二十歲青春比泰山重，
二十歲年華永不凋；
一顆紅心似火焰，
英雄品質閃光輝；
共產主義航道上，
又添一座新航標！
激勵一代新人，
鼓起戰鬥的帆，
搖起擊浪的櫓，
撐起頂風的篙，
沿著毛主席的航線，
衝破萬里濤！

　— 大隊支書的話

安息吧，小金子，
雙河貧下中農，
為失去您這樣一位親人而悲痛，
也為毛澤東思想哺育出
您這樣一位英雄而自豪！

您生前，
多次向黨申請，
立志做一名無產階級先鋒戰士，
共產主義覺悟高 —
您無限熱愛毛主席，

活學活用刻苦改造；
您紮根邊疆不怕苦，
處處搶把重擔挑；
您階級鬥爭眼明亮，
反帝反修壯志豪；
您為人民獻青春，
年輕的生命光萬道！
中共遜克縣委決定：
追認您 ——
我們親愛的戰友
金訓華同志
為中國共產黨黨員。
您是我們時代的驕傲！
 —— 民兵連長的話

小金同志呀，
您是雙河優秀的民兵排長。
您最愛穿軍裝，
您最愛握鋼槍；
誓做一名反修戰士，
奮戰在邊疆。
俺貧下中農要求解放軍，
給您遺體穿一套軍裝。
讓您的颯爽英姿，
永遠放光芒！
永遠跟俺民兵在一起，
為祖國放哨站崗！

　　— 烈屬鐘大娘的話

　小金子呀，您常說，
　願做一顆革命的種子，
　長成青松頂天立，
　根深葉茂紮邊疆！
　俺雙河貧下中農要求，
　讓您安息在青松成林的山坡上；
　讓您天天看著咱們，
　改天換地紅旗永遠舉手上！
　讓您的革命精神，
　在俺邊疆人民心裡，
　永久不息放光芒！
　讓俺貧下中農的子子孫孫，
　像您小金子那樣，
　無限忠於毛主席，無限忠於黨！

　　— 插隊戰友的話

　訓華戰友呀，
　您生前有一個崇高願望 —
　要把插隊知識青年，
　組織成一個英雄集體，
　永遠突出戰無不勝的毛澤東思想！
　我們向您宣誓 —
　堅決繼承英雄的遺志，
　走英雄的道路，
　創英雄的業績，

學英雄的榜樣，
誓在廣闊天地裡，
打一輩子反修仗；
誓死保衛祖國，
時刻準備上戰場！

── 英雄妹妹的話

安息吧，親愛的哥哥，
我要捧起
您讀過的毛主席的書，
錘煉紅心改造思想；
我要拿起您用過的筆，
續寫鬥私批修筆記，
靈魂深處擺戰場；
我要穿上您留下的舊軍裝，
艱苦奮鬥的作風永發揚；
我要背上您握過的槍，
一輩子為毛主席放哨站崗！
為了繼承您的遺志，
哥哥呵，今晚上，
我要擦乾眼淚接您的崗！

── 英雄母親的話

安息吧，訓華，
媽媽雖然入黨比你早，
可是你的一生，

卻是我學習的榜樣！
"活著就要拼命幹，
一生獻給毛主席！"
你的壯語我記心上；
我要踏著你的腳步，
永遠緊跟毛主席，
革命到底，
誓把晚年獻理想！

　── 上海紅代會代表的話

親愛的戰友，
您生前創立了上山下鄉聯絡站。
您的英雄凱歌，
響遍了黃浦江！
聽吧，親愛的戰友，
江海關的鐘聲，
伴著鑼鼓震天響；
千百個聯絡站裡戰歌起，
獻忠的喜報千萬張；
一批一批革命小將，
踏著您的腳步，
唱著您的凱歌，
沿著毛主席的革命路線，
奔向祖國四面八方！
安息吧，親愛的戰友，
您是我們革命青年的光輝榜樣！
您的生命永垂不朽，

您的精神永放光芒！

三十三、喜看神州一千河 ── 歌手的話

英雄屹立彩雲間，
笑迎紅太陽，
銀鋤扛在肩；
喜看神州一千河，
紅旗滾滾萬山巔；
萬里戰歌起，
浩蕩衝雲天 ──
踏著英雄腳步走，
上山下鄉齊爭先！

廣闊天地煉紅心，
革命熔爐煉鋼鐵；
千山迴響一個音，
學習英雄爭朝夕！

松濤澎湃，
撼大地；
長城內外，
春雷激；
南國兒女，
闖高原；
北疆壯士，
戰風雪；
滔滔黃河捲紅浪，

滾滾長江奔騰急；
千萬小將齊奮躍一
扛起英雄的槍，
高舉革命的旗，
繼續革命永不歇！
永不歇呵！
鐵流滾滾百萬里，
長征路上緊跟毛主席！

（原載《金訓華之歌》上海人民出版社 1970 年 8 月版）

延安的頌歌

章　明

革命人民愛延安

一步步登上寶塔山，
心隨延河波浪翻，
紅色山川風光好，
革命人民愛延安。
鳳凰山麓窯洞暖，
楊家嶺畔穀苗兒鮮，
棗園的燈光照眼亮，
王家坪的歌聲動心弦。
啊！
毛主席當年在這裡，
艱苦鬥爭十幾年，
撥開千重霧，
劈開萬重關，
踏遍了陝北高原風雪路，
迎來了祖國大地豔陽天。
彩虹高掛高塔山，
楊柳夾岸延河歡，
紅色山川風光好，

革命人民愛延安。
戰鬥的歌聲唱不斷，
山山水水展新顏
老八路的鑊頭肩上扛，
一輩輩新人來接班。
啊！
毛主席播下革命種，
艱苦奮鬥代代傳。
喝口延河水，
心紅志更堅，
沿著延安精神照亮的路，
為革命萬里遠征永向前！

鑊頭、步槍、紡車

在延安的紀念館裡，陳列著當年邊區軍民用過的鑊頭、步槍和紡車。

刀口雪亮的開山鑊，
散發著南泥灣的泥土香；
炮火硝煙熏黑的步槍，
好像中國人民有力的臂膀；
木制的手搖紡車啊，
當年曾經激昂地歌唱。
它唱過 ——
怒吼的黃河，咆哮的長江，
青紗帳裡的刺刀閃光；
它唱過 ——

艱苦的歲月，光輝的理想，
寶塔山上火紅的朝陽……

刀口雪亮的開山钁，
引起多少動人的回憶；
炮火熏黑的步槍，
激起多少莊嚴的聯想；
木制的手搖紡車啊，
至今還在深情地歌唱。
它在唱 ——
大慶的紅旗，大寨的紅花，
革命的道路千里萬里長；
它在唱 ——
艱苦奮鬥是我們的政治本色，
延安精神永放光芒！

（原載《廣東文藝》1973 年節 10 期）

寫在世界屋脊上的詩

紀 鵬

濱河路上

我走過祖國多少名城的寬闊大街、
田間小徑、草原新路、山道如羊腸……
如今,我在拉薩的一條新街漫步,
它將永遠在我記憶的大海裡遠航。
這條街,彷彿是一夜裡建成,
像春雨後乍生的新筍一樣,
排排新房裝滿深情的今昔話,
高原的陽光照耀著明亮的小窗。

望著農機廠製出的樣樣農具,
如同嗅到萬里高原青稞香;
汽車修配廠響著馬達和歌聲,
雪山將印下飛輪的萬里詩行。
地毯廠正在設計新圖案,
巍巍珠峰,滔滔雅魯藏布江;
人民體育場洋溢著青春朝氣,
場上健兒、勞動能手、戰士衛邊疆……
人們沒有忘記新街下的昨天,

一串悲歌，滿腹激憤、憂傷：
餓殍遍地，刀光鞭影，
腥臭的牛角，破爛的帳房⋯⋯

今天，一條新街爲拉薩鑲起金邊，
拉薩河也爲新鄰把新歌唱，
不，我在這裡聽到祖國前進的足音，
一條新街爲西藏寫下新的篇章。

藏族小學

高原的陽光多溫暖，
課堂的視窗多明亮，
彩色的氆氌紅背心，
張張笑臉像鮮花開放。

排排校舍是你們親手蓋，
窗外菜園是你們破土開荒，
你們讀書、拾柴、編筐、採藥，
迎著《五‧七》指示的陽光成長。

念一句："百萬農奴翻了身"，
學一曲：《叫我們怎能不歌唱》，
這棵棵雪山的幼松呵，
明天都將成爲棟樑。

這高燃的熊熊火炬，
將燒去雪山的荒涼換新裝；

你可知道從帳篷到學校，
這條路有多麼漫長！

卓瑪的爺爺在念珠上數債務，
頓珠的阿媽在轉經筒旁把悲歌唱；[1]
世世走遍草原只識牛羊不識字，
今天的兒童喜讀毛主席的詩章。

我滿眼喜淚望黑板，
一字一句放光芒：
"北京有個金太陽，"
"藏漢團結建設新西藏。"

致日喀則

平坦的公路牽著飛馳的車輪，
路旁的藏柳團團綠霧，
你好呵，日喀則城，
座落在這富饒的河谷。
雅魯藏布江、年楚河在這裡握手，
輕輕地流過你豐滿的胸脯，
一座座工廠的機器在歡唱，
又新建多少氆氌、卡墊、縫紉互助組
一隊紅領巾在街頭走過，
像一隊火炬迎風飄舞，
當年第一批戴紅領巾的藏族兒童，[2]

---

1 轉經筒：舊西藏時將經文寫在木筒上。不識字的藏民轉動經筒代替念經。

高飛的山鷹呵，今天在何處？

防洪大堤，"解放水渠"，
給饑渴的田園多大滿足，
農業試驗站的耐寒麥種，
給高原牧民送來幸福。

一戶戶人家遷進"解放新村"，
跳呀，唱呀，飛灑著喜悅的淚珠，
人們告訴我昔日的日喀則，
一萬四千居民中，四千是"邦楚"[3]
……
儲蓄所門前

曲珍阿媽離開儲蓄所，
走了幾步還不住把頭回，
雙手捧著嶄新的儲蓄折，
雙眼流出珍珠般的喜淚。

儲蓄折上一筆一畫記得清，
—— 雪山綻開了臘月梅，
像看見成排新屋，明亮的窗
和田裡金燦燦的青稞穗。

公社的拖拉機震響雪山，

2　19656（注：這裡有誤，請核對原文）年4月8日，西藏建立第一批少先隊，
　日喀則藏族兒童第一批戴上紅領巾。
3　邦楚：藏語乞丐。

北京飛架的"彩虹"落在邊陲，
赤腳醫生把溫暖送進帳篷，
哨卡也有了藏家的金珠瑪米。

生活比八月的草原還美，
望一眼都令人心醉，
世世代代農奴的夢想實現了，
夜夜都笑醒好幾回……

她報名參加墾荒突擊隊，
自稱"老青年"，剛剛五十歲，
為公社墾荒、放牧、積肥，
勁兒使不完，總也不覺累。

生產，儲蓄，處處為祖國，
想起那舊社會好傷悲，
根保搶走牛羊拆帳篷，[4]
留下的字據是"出生稅""人頭稅"
"免差稅"……[5]

贊高原養路工

西藏高原萬里五彩路，
一路上有多少養路工，
一天四季經風雪，

---

4 根保：舊西藏政府的官員。
5 舊西藏時苛稅如毛，幼兒出生時交"出生稅"，十八歲開始交"人頭稅"。
  六十歲無法支付差役時，仍須交"免差稅"。

但願車隊掌上行。
烈日的火傘熱烘烘，
車窗外吹來陣陣熱風，
飛輪輾著滾燙的沙，
車隊在平坦的公路飛行。

路旁閃動著忙碌的身影，
補路、鋪沙，揮汗勞動，
羊皮風箱燒水煮茶，
養路工還設有"茶水亭"。

車轉山頭，撲來"沙老虎"，
憤怒咆哮群山鳴，
漫山飛沙難睜眼，
車如夜行打開燈。

急轉彎處旗一閃，
車穿沙霧奔前程，
養路工呵流下多少汗，
路旁的防風林已色青青。

登山路中遇到暴風雨，
山前掛瀑布，路旁滾山洪，
閃電鞭天雷震耳，
雨中行車，滿耳是濤聲。

養路工如海燕雨中飛，
察罷橋樑察涵洞，

巧引山水走江河，
勇敢機智又從容。

車隊繼續攀高山，
天氣驟變雪飄零，
雪中行車好艱難，
滿路積雪滿路冰。

養路工掃雪破冰開車路，
路旁築起冰牆雪胡同，
地上"長虹"繞群山，
萬里公路都暢通。

養路工日夜辛勤織新錦，
高原五彩路呵閃閃明，
道班、公路是戰位，
只因五彩路通北京城。

雪山鴻雁

好一隻矯健的鴻雁，
一個堅強的藏族鄉郵員，
狂風暴雪沒有擋住他的翅膀，
四季飛行在雪山高原。

流砂、冰河等閒事，
懸崖、峭壁任登攀，
讓北京的聲音傳遍西藏，

山路、牧場灑下他多少汗。
爲把信件是日送到親人手，
他伴著篝火露宿在山巔，
一隻背簍有多重，
它盛滿黨的關懷和溫暖。

一封封豐收捷報送到北京城，
一封封紅色家書喜訊傳，
萬千書信如雪花飄，
給座座帳篷帶來欣歡。
他踏著父輩支烏拉的路，
喜望雪山高原換新顏，
走遍工廠、牧場、居民樓，
到處都在譜寫新西藏的詩篇。

多少親人捧出奶茶、青稞酒，
又唱給雪山鴻雁新歌一串串，
鄉郵員在對歌中最愛這一句：
"我是毛澤東思想的宣傳員！"

女 犁 手

朝霞映著閃亮的犁頭，
晨風送來歌聲陣陣，
爲讓高原開滿大寨花，
山下走來一隊娘子軍。
快些喚醒沉睡的荒原，
讓來日荒原的麥海成金，

誰說婦女只能撚毛線，
今天也要扶犁上陣。

初次扶犁是有些手不穩，
犎牛忽快忽慢不熟悉新主人，
黏土、雜草緊緊咬住犁頭，
犁鏵碰上石頭又捲了刃……
她們沒皺眉頭沒有灰心，
遇到一分困難，激起十分幹勁，
順犁又橫犁，淺犁又深犁，
誓把寸寸荒原織成新錦。

這浸透血淚的土地呵，
曾埋過多少悲歌和貧困，
今天都隨著犁頭翻掉
聽聽藏族翻身婦女的足音。

應該唱支讚歌給女犁手，
汗珠落荒原，明天變成聚寶盆，
看那滾滾的黑色土壤，
秋日將送出金色的喜訊。

（原載《安徽文藝》1973 年第 12 期）

新 民 歌 選

景愛蓮等

韶山日出萬代紅
景愛蓮

韶山竹，韶山松，
韶山松竹四季青；
韶山清泉流不盡，
韶山日出萬代紅。

毛主席的恩情頌不盡
錢國勝
長江的水流不完，
天上的星數不清，
心中的歌兒唱不斷，
毛主席的恩情頌不盡！

幸福來自中南海
田毅
從前你到俺村來、
山高路遠磨破鞋，
乘涼難找一棵樹，

口渴只得望雲彩。

現在你到俺村來，
汽笛一唱火車開，
一路桃花紅似火、
滿坡綠秧雲裡栽。

美好的藍圖誰描繪？
幸福的生活哪裡來？
毛主席鋪出金光道，
幸福來自中南海。

毛主席路線放光芒
邢汝鐵

禿鷲的哀鳴，
壓不倒春雷的巨響；
汗臭的泥沙，
擋不住黃河的激浪；
醜惡的蟑螂，
撼不動巍峨的泰山；
騙子的黑手，
掩不了金輝四射的太陽；
毛主席的革命路線，
千秋萬代永放光芒。

十大又開勝利花
田毅

洪流衝走泥和沙，
烈火分出鋼和渣，
九大路線結碩果，
十大又開勝利花。

毛主席播的幸福種
雷建軍

毛主席親手把花栽，
一花報春百花開，
太行嶺上大寨花，
映紅巴山萬座崖。
陳永貴傳"經"來四川，
贈送玉米金燦燦，
毛主席播的幸福種，
顆顆長在我們心裡邊。

大慶紅旗映天紅
梁通歌

大慶紅旗映天紅，
躍進戰鼓似雷鳴；
原油滾滾湧巨浪，
鋼水閃閃走金龍。
鐵馬長嘶展翅飛，
載著祖國猛飛騰，
一日千里追閃電，

一步一座新高峰。

六個大字照征途
彭鄉榮

馬達聲聲擂戰鼓，
鑽機隆隆勁頭足。
剎把一松天地轉，
原油滾滾似瀑布。
抓革命，促生產，
六個大字照征途
毛主席咋說咱咋幹，
鑽工說話就算數！

十萬礦石一把抓
沈奇
十裡礦區十裡花，
十裡炮聲震天涯，
風鑽一抖鐵山開，
十萬礦石一把抓！

蓋起大樓萬千層
旭東

頭頂朝霞登高空，
手握焊鉗灑火星；
我為祖國焊鋼樑，
蓋起大廈萬千層！

老貧農管電
黃開林

水電站在深山中，
日日夜夜把電送。
家家戶戶掛明珠，
村村寨寨機聲隆。
送走窮山昔日苦，
歡唱今朝多繁榮！
誰說"英雄創歷史"？
看咱管電的老貧農！

永遠前進走上坡
李中義

貧下中農腳板硬，
千難萬險敢踏破。

早踏露珠晚踏月，
雨踏泥濘風踏歌。

炎夏旱田踏出水，
冰天雪地踏出火。

鹽鹼薄地踏出油，
沙灘踏出金銀河。

沿著大寨腳印走，
踏出一路新花朵。

步步走著革命路，
永遠前進上高坡！

縣委書記
王占江

趟著露水光著腳，
扛鋤同咱去鏟草；
身子進城心沒變，
和咱汗水灑一道。

革命新苗是黨栽
李少慶

知識青年下鄉來，
廣闊天地長成材，
根深葉茂幹苗壯，
革命新苗是黨栽。

旱天旱地水長流
方緒蘭

站在高山一聲吼，
千年頑石齊發抖；
鐵臂築起大水庫，

旱天旱地水長流。

打石
王平

打，
掄圓鐵錘狠狠砸，
鋼釺下，
千年頑石大開花！
咧嘴笑，
抹去汗一把。
汗珠落，
瞧，種子要發芽！

公社姑娘發號令
高吉傑

公社姑娘渾身膽，
威風凜凜壩上站，
各路流水來報到，
姑娘揮手把令傳：
西溝的水，排鹽鹼，
南河的水，澆麥田，
天上水下來別亂跑，
快到水庫去發電！

三送公糧
潘如文

前年我隊送公糧，
肩挑擔子吱吱響，
男女老少齊出動，
送糧隊伍長又長。

去年我隊送公糧，
新穀裝在單車上，
叮鈴鈴，叮鈴鈴，
一群小夥穿梭忙。

今年我隊送公糧，
只派一個小姑娘，
駕著鐵牛隆隆響，
機械化道路寬又廣。

（原載《解放軍文藝》1974 年第 1 期）

我們的海島

韓　瑞　亭

我們的海島

我們的海島說小也小，
像萬頃碧波中一朵浪花；
我們的海島說大也大，
它嵌著祖國山川壯麗的圖畫。

你看，島上這一片翠色：
贛南的樟樹，廣東的劍麻，
西湖的龍柳，遼寧的塔松，
都已在這裡落戶安家。
它們一排排並肩聳立，
抖晨霧，迎旭日，披朝霞；
它們一棵棵盤根錯節，
抗颶風，頂惡浪，鎮凶鯊。

勁枝韌條如刀似劍，
織成一道堅固的籬笆；
雄軀偉幹如鐵似鋼，
築起一堵衝不破的堤壩。

莫非它們懂得祖國的囑託，
才這樣緊密團結，英姿勃發？
莫非它們理解人民的期望，
才如此意志頑強，堅忍不拔？
只因澆灌了戰士的汗水，
它們才染綠島上的春秋冬夏。
只因學習了戰士的忠誠，
守衛萬里海疆，用火紅的年華！

海上打靶

雲不敢飛，鳥不敢叫，
大海屏息浪不跳，
只只雄獅躍山崗 ──
陣地前，閃出座座海防炮。

炮管擎藍天，
炮輪輾海濤，
一身鋼骨一身膽，
雄赳赳，只待令下仰天嘯。

炮膛裡，裝滿彈藥，
瞄準鏡，對準目標。
一昂首，噴團團烈焰，
一挺身，霹靂震九霄。

天像要塌，山像要倒，
颶風陣陣掀海潮。

卻看浪裡小礁石，
嘿，化作飛鳥四處逃。

靶子全"報銷"，戰士哈哈笑，
採幾縷晚霞來擦炮。
祖國呀，來日殲敵逞英豪，
今天，小試鋒芒磨戰刀！

水產收購站

鹹味的海風山岩上飄，
汽笛、螺號歡快地叫，
滿載的漁船回島啦，
水產收購站前好熱鬧。

快打開寬敞的庫房，
準備去盛大海的波濤：
快擦淨磅秤備好鉈，
準備去稱漁業隊員的驕傲。

一隻只抬筐排成行，
一根根扁擔壓彎了腰，
小夥子滿臉汗水顧不上擦，
船老大摸著下巴眯眼笑。

看這滿筐的帶魚似白銀，
看那滿筐的海蜇如瑪瑙；
透明的蝦，肥大的蟹，

就像朵朵晚霞在閃耀。

女會計手中算盤不停地響，
過磅員望著磅秤把頭搖：
"船老大，我這磅秤不頂用啦，
下次漁汛前該把大的造。"

"批林整風煥發咱渾身勁兒，
出海只嫌船窄網太小。
下一次，下一次漁汛你等著瞧，
抬回個東海往你秤上倒！"
爽朗的笑聲飛下崖，
傳遍漁村飄滿嶴。
水產收購站裡留下一串夢：
百舸千帆鬧海潮……

（原載《解放軍文藝》1974 年 2 期）

下鄉來到白洋淀

堯　山　壁

一捧水，
洗盡千里跋涉渾身汗；
二捧水，
細細品啊慢慢咽，
恨不得呀
一個猛子泡三天，
這就是咱們
日盼夜想的白洋淀。

你出生在首都，
他出生在江南，
可我們的父母，
都曾在這裡抗戰八年，
咱們都是
白洋淀的後代，
白洋淀自然是
咱們共同的籍貫。

看這撐船的老爺爺，
一定是老雁翎隊員，

像當年迎接老八路，
歡迎我們新社員，
把那滿臉皺紋，
笑成花一團。

看這彈痕累累的小舟，
一定是當年的戰船，
高高昂起的船頭，
衝破過多少風險。
如今為革命撒網捕魚，
多麼像當年征戰揚帆。

風聲緩，濤聲慢，
汪洋淀水是個大唱片。
當年英雄戰歌壯，
聲聲錄在波紋間。
天湛藍，水好寬，
無邊淀水像稿箋，
當年多少英雄事，
一頁頁文字都似驚雷和閃電。

蘆壕成陣，
葦牆森嚴，
多像當年的雁翎隊，
在這裡推起萬頃波瀾。
問我們願不願，
做一根蘆葦，
紮下根兒，

在這兒奮戰風寒。

紅菱似火，
蘆絮飄煙，
多像當年的篝火，
還在亮閃閃。
問我們敢不敢
飛步跑來，
接過戰鬥的火炬，
接過革命班。
願不願？
敢不敢？
怎知我們的一顆心，
早燃成一團火焰。
願做船邊一把篙，
擊水千里波浪翻；
願做淀中一滴水，
入潮匯流推糧船；
願做淀中一根葦，
織錦鋪綠迎春天；
願做淀中一菱花，
開在貧下中農間；
願做一名白洋淀人，
繼續革命永向前！

陣陣東風，
鼓滿我們的心帆；
聲聲蘆笛

唱出我們的誓言。
一個個跳躍的身影，
像一朵朵跳躍的浪花；
一個波瀾壯闊的大淀，
翻騰在咱們的心坎。

旭日照淀水，
淀上鋪錦緞。
朝陽染白帆，
處處紅旗展。
我愛大淀水，
更愛水上船，
我愛水鄉人，
更勝愛大淀。

撐船的老爺爺，
眼睛秋水一樣明，
胸懷大澱一樣寬，
經多少風雲變幻，
裝多少革命情感，
關懷我們健康成長，
教育我們一步步勇往直前！

把篙給我們吧，
老爺爺，教咱試試船。
看我們的手多燙呀，
血管像繃緊的弦。
儘管小船搖搖擺擺，

儘管走得蹦蹦顛顛，
有老爺爺帶領，
小船在破浪向前！

浪花跳，濤聲喊，
滿淀蘆葦歡迎咱，
當年雁翎隊的航道上，
飛來一隻新的船，
往後看 ——
船尾畫著一條路，
朝前望 ——
心潮逐浪波濤遠……

西沙之戰（詩報告）[1]

張 永 枚

序詩

炮聲隆，
戰雲飛，
南海在咆哮，
全世界，
齊注目，
英雄的西沙群島。
湧浪裡，風雲中，
海燕排空上九霄。
壯志鼓雙翅，
豪情振羽毛。
飛翔吧，海燕！
歌唱吧，海燕！
快告訴我們，

---

1 編者按：1974 年 3 月 15 日，《光明日報》發表張永枚寫的詩報告《西沙之戰》，
次日《人民日報》全文轉載，其他報刊也相繼轉載，並出版了單行本。此作
由江青授意創作並經江青修改，在"詩報告"中江青被美化成戰鬥的"鼓舞
者"和"力量源泉"。"詩報告"發表後，被看成"新詩學習革命樣板戲的
成功範例"。粉碎"四人幫"以後，這首"詩報告"爲江青樹碑立傳的錯誤
傾向受到批判，其炮製過程也被揭露。

西沙軍民是怎樣把入侵者橫掃……

一、美麗富饒的西沙

陽光在碧波上一耀一閃，
海風把浪花捲上礁盤，
金子似的沙土，
白玉般的海灘，
珠貝鋪滿地，
鳥肥積如山；
野海棠，
高撐著翠綠的巨傘，
羊角樹，
伸展在石縫路邊；
開不敗的野花啊！
紅白藍黃千萬點，
汲不盡的清泉啊！
甘甜如蜜微帶鹹，
是祖國媽媽的乳汁，
點滴叫人力量增添……

啊！
美麗的西沙群島！
像一把珍珠，
撒在南海的水面。

看領海：
魚群在遨遊。

三兩飛出波濤間；
馬蹄螺，
梅花參。
恍惚如在鏡中閃；
海松勁拔，
海柳剛健，
珊瑚的異彩迷人眼。
澹澹的海波，
像一塊藍絲絨，
把神奇的寶藏遮掩⋯⋯

富饒的西沙群島！
人民愛你，
強盜垂涎。

啊！西沙群島！
你富饒美麗，
更雄偉壯觀，
像一組組威武的哨兵，
把守著航道要衝，
守衛在雲水之間。

西沙自古是中國的領土領海，
我們祖先的足跡早把諸島踏遍：
多少輩，
漁船來此捕撈，
多少代，
航隊錨泊海灣；

更有那，
漢字碑，[2]
先輩墳，
永樂古錢，
藍花瓷盤，[3]
文物、古跡，
鐵證萬件。
使人依稀可見：
祖先的漁火，
漢、唐的炊煙，
明、清的篷帆……

啊！
古歌中的
"千里長沙，
萬里石塘"，
和祖國大地山水相依一脈連；
西沙、南沙，
中沙、東沙……
都是中華民族壯麗的漁鄉，
豈能讓強盜霸佔！

二、漁民與敵周旋

海域寬廣，
漁輪出航，

2　北島有石碑，上刻"視察紀念　大清光緒二十八年"字樣。
3　我軍民在珊瑚島發現明永樂（1403-1424）古錢及我國古瓷盤等文物。

馳騁西沙，
乘風破浪，
捕螺、撈參，
垂釣、撒網，
生產戰備忙……

聽！
汽笛聲，似哭喪，
南越偽軍兵艦侵海疆！
可鄙的西貢傀儡，
頂盔貫甲，舞刀弄棒，
蚍蜉撼樹不自量，
為貧血的大老闆，
找能源，搶地盤，
妄想攫取我寶藏！
推進器劃破海面，
似刺傷漁民胸膛。
阿沙老船長，
高大魁梧，
岩礁般的堅強；
雙手叉腰，
注視敵情，
"抗議"的命令震船艙！
高揚的國際訊號旗，
集聚了七億人民的憤怒和力量：
"抗議侵我領海，
命令你艦離開！"
這警告，

叫鋼鐵也顫抖，
敵艦轉舵閃一旁！

狡辯的罪犯，
無恥，囂張，
竟掛出顛倒黑白的訊號旗，
胡說西沙是峴港！
另一艘敵艦也闖過來，
合夥打劫逞瘋狂。
一艘在前面堵
一艘在後面撞，
竟妄想，
把我漁輪撞沉在西沙海洋！

阿沙老船長，
出身苦漁家，
世代浪裡闖。
漁霸逼稅打死了阿爹，
阿媽懷他流浪遠海上，
船泊西沙生下他，
取名阿沙記下血淚賬。
毛主席，共產黨，
救他出苦海，
漁工當船長；
文化革命的暴風雨，
使他像戰刀又淬火，
鋒刃加了鋼。
面對入侵者，

阿沙頭高昂：
"狗強盜！
撞沉漁輪是妄想！
你看看！
中國人民的智慧和膽量！"
阿沙船長一揮手，
漁輪靈活轉航向，
抽身脫出敵人夾擊，
汽笛三聲海盜膽喪。
兩艘敵艦，
險些相撞，
忙開倒車，
左搖右晃。
惡犬相對罵，
叫汪汪。

英雄的漁輪啊！
牽著兩艘敵艦的"牛鼻子"，
在海上轉圈圈、捉迷藏，
像神出鬼沒的遊擊健兒，
和強寇周旋在青紗帳。

傀儡軍一計不成生二計，
賊軍官套上了海關服裝，
佯裝成海關人員，
帶領著蝦兵蟹將，
坐上機動艇，
開到漁輪旁；

吵著要上船“檢查”，
伸出狗爪抓船幫，
活像馬戲團的小丑，
粉墨登了場。

阿沙船長舉起廣播筒，
揭穿敵人的鬼花樣：
“這裡是中華人民共和國的領海，
不是你竊踞西貢的營房！
應受檢查的是你們！
快滾出去，
明火執仗的匪幫！”

敵艦的大炮瞄準我漁輪，
艇上的強盜亂舞著刀槍。
老船長拉響了警報器，
民兵們各就各位彈上膛。
人民的槍口，
一齊對準強盜的胸膛：
“誰敢向我輪伸手，
就斬斷他的魔掌！”

一邊是，
勤勞正直的漁民；
一邊是，
武裝到牙齒的海狼！
敵我對峙，
劍拔弩張，

濤聲嘩嘩響！

鋼鐵的民兵們，
像六連嶺的群峰，
十級颱風刮來不退讓，
英雄的老船長，
似南天一柱，
藐視那逆水惡浪！
"狗強盜要敢開炮，
就對準它的彈艙衝過去！
拼一個魚死網破，
以小換大保海防！"

傀儡軍聞聲心驚肉跳，
一個個腿顫手抖臉焦黃。
資本家血腥的鈔票，
買不到勇氣和膽量。
正義在手的人民啊！
頂天立地，
志堅膽壯，
革命氣節，
光芒萬丈，
像李玉和高舉紅燈，
屹立在火浪煙波的西沙戰場！

三、海戰奇觀

掠過湧的丘巒，

登上浪的山尖，
艦首剪開萬朵梨花，
艇尾拋出千條白練；
莊嚴的八一軍旗，
在海風中獵獵招展，
戒備中的主炮副炮，
雄赳赳虎踞艦兩端；
輪機的歌喉在高唱，
雷達的巨眼在飛轉。
前進！
新中國年輕的海軍！
無產階級的戰艦！
駕驚風，
逐流雲，
劈狂瀾！
編隊嚴整機動，
航線準確不偏。
一位年輕的艦長，
像撐天的椰樹迎風站，
鋼盔下鋒銳的目光，
似能穿雲破霧一射千里遠。

鐘海艦長，
出生在湘江畔，
韶山衝的陽光雨露，
培育了這新中國的青年。
曾記得：
在那上場屋邊、

荷花塘畔，
他掛上了紅領巾；
在農民夜校的舊址，
偉大領袖戰鬥過的地方，
宣誓加入共青團。
海上的風波，
艦上的歲月。
磨煉了戰鬥意志，
錘打出鋼骨鐵膽；
刻苦的學習。
真理的教導，
使他光榮加入共產黨，
心與五洲共苦甜。

年輕的艦長，
此時此刻，
思潮洶湧，
豪情無限；
彩雲飄處，
彷彿望見：
天安門的青松、紅牆，
中南海陽光燦爛。
偉大領袖毛主席，
矚目天涯。
指點航線，
給我們革命真理的羅盤，
鼓舞著戰鬥的軍民一往無前！

艦長的視線投向掛曆，
掛曆上一幅壯麗的畫卷：
飛渡的亂雲，
從容的勁松，
無限的風光，
巍峨的廬山。
……
海風過時，
彷彿聽見，
一個響亮的聲音，
又迴響耳邊：
"把入侵者從西沙趕出去！
革命軍人，
共產黨員，
要誓死捍衛毛主席的革命路線！"
啊！
軍號聲烈，
戰鼓聲酣，
《歌唱祖國》，
響徹雲天！
挾崑崙，
越南海，
戰士面前無困難！

駛過宣德群島，
直發永樂海面。[4]

---

4 宣德群島和永樂群島均為我國西沙群島所屬。

耳旁傳來：
漁民的控拆，
船工的呼喊：
四艘西貢偽軍的兵艦又進犯！

艦長、政委，
及時動員：
"中國人民不可侮！
受迫害的漁民盼支援！
我們絕不要別人的半分領土，
也絕不准強盜占我一寸河山！"

"西沙歷來屬我，
世人有口皆言！"
"堅決保護漁民·
誓死捍衛主權！"

訊號燈，
以嚴正的眼睛，
連番警告敵艦；
傀儡軍，
自恃艦大噸位重，

怙惡不悛，
一次次擦過我船舷，
雖兇暴詭詐，
也只不過掛壞些欄桿。
艦長拔出手槍·

橫目似電穿！
水兵抱起炮彈。
仇恨滿心間，
戰士憤怒的烈火，
似能把南海燒燃！

艦長收槍屏息，
暫把怒火強按：
"我們絕不打第一槍！
要步調一致鬥凶頑。"

英雄艦沉著鎮定，
敵兵船倉惶混亂：
當兵的穿上了救生衣，
當官的套上了救生圈。
霎時轉向變隊形，
朝著峴港就逃竄。
"賊船跑了！"
"不！
提防它詭計多端！"
鐘海語未落，
敵艦忽掉轉，
耍了個海上"施刀計"，
惡狠狠衝向我戰艦！

南海啊！
你記住！
記住西貢偽軍罪滔天！

南海啊！
你作證：
西貢偽軍首先向我戰艦開炮！
西貢偽軍首先向我海島開炮！
是這群貪婪的強盜。
點起了侵略戰爭的兇焰！
人不犯我。
我不犯人：
人若犯我，
我必犯人。
革命軍民忍無可忍。
展開了西沙自衛反擊戰！

啊！
火雲籠罩。
彈道劃空·
水柱簪天！
我艦編隊，
冒著炮火，
全速向前！

打！
轟隆隆！
為死難的中越人民報仇冤！
打！
轟隆隆！
保衛我
領海領土領空的不可侵犯權！

打！
阿沙船長指揮漁輪來助戰！
巧策應，
將敵艦火力分散，
殺傷它甲板上的兵員！

打！
像越南人民軍懲罰賣國賊！
前進！
中越人民的戰鬥友誼山高海寬。

打！前進！
人民的炮彈如生雙眼，
一發發命中敵艦！
直打得：
敵人旗艦起烈火，
指揮失靈聯繫斷！
直打得：
賊船編隊亂了套，
各自奔命不相援！
直打得：
艙面敵兵，
翻滾中彈，
哪裡逃？
大海深淵！

我編隊越戰越勇，
英雄艦處處當先。

炮管打紅，
彈殼膨脹，
不能退殼生困難！
艦政委，衝過去，
帶繭的大手，
扒出了滾熱的炮彈！
彈藥手更增銳氣，
不間斷你遞我填。
戰士的手，
燙起了串串血泡，
不顧疼痛，
掏盡紅心保河山！

啊！
爲什麼？
南海掀巨浪，
衝澆著英雄艦的甲板！
爲什麼？
海雲齊聚攏，
圍繞著那高聳的桅桿！
英雄艦一角起火，
風呼嘯火苗飛竄！
鐘海命令："快滅火！"
水兵們無畏撲上前！
哪管它，
濃煙嗆人難睜眼！
哪管它，
火團滾動在身邊！

“快！
撲滅它！
用我們的生命！
快！
澆滅它！
用我們的血汗！”
水兵們，
恨不能倒提大海當做滅火器，
立即熄滅艦上的火煙。

水兵們正緊急滅火，
看前方又出現敵人十號艦！
鐘海艦長，
正一正鋼盔，
揮動鐵拳：
“同志們！
雖然我艇著火，
也要壓倒敵艦！
只有我們的頑強，
沒有敵人的勇敢！
橫過去！
靠近打！
逼它火力難以施展，
以我之長，克敵之短！”

我們是無產階級的軍隊，
具備著特殊的有利條件：
一不怕苦，

二不怕死，
與人民血肉緊相連。
仗著它，
推翻三座山。
仗著它，
抗美援朝鮮。
仗著它，
威震珍寶島，
仗著它，
保衛海防線。

戰火紛飛，
英雄艦艇迎考驗，
衝鋒路上，
電舵失靈受阻攔！
"殲敵計畫豈能動搖，
困難越多越要果斷！"
鐘海發命令：
"快操人力舵！"
"是！"
五個水兵挺身而出，
立即打開舵艙的護板。
似傳電般飛下舵艙，
齊心把人力舵扳轉！
駕馭著無邊無際的大海，
搏鬥著變化莫測的波瀾！

指揮臺上，

鐘海挺立，
催車赴戰，
歸然如山！

風濤啊！
吹奏著雄壯的軍樂，
水兵們殺聲動海天，
"衝上去！
以勁松的意志，
勁松的勇敢！
衝上去！
要奪取革命的勝利，
必須向險峰登攀！
衝上去！
前進的道路，
開劈在大風大浪間！
衝上去！
衝上去！
衝 ── 上 ── 去！"
英雄艦像條火龍，
轉瞬間靠近敵艦！
鐘海一聲吼：
"快投手榴彈！"
他帶頭拉弦、奮臂，
把一顆手榴彈投中賊船！
轟！
敵艦的指揮台搖搖欲墜，
一剎那沒入了滾滾濃煙！

我水兵緊隨著艦長，
── 投出手榴彈！
呼嘯著，
翻飛著，
爆炸在敵艦首尾，
開花在左舷右舷！
炸得它，
槍炮啞，
桅桿斷，
百孔千瘡飛碎片！
匪官兵，
像老鼠遭到滾湯澆，
胡亂撞齊往艙底鑽。
那醜惡的南越偽旗，
煙薰火燎像只死烏鴉
飄落在狂濤巨瀾。

看哪！
三艘敵艦重創而逃，
歪著膀子冒著煙，
十號艦急速下沉，
南海底又多了廢鐵一攤！
發瘋的西貢傀儡軍，
受到了正義的懲辦！
英雄艦撲滅了烈火，
修好了電舵，
戰位無損，
威武凱旋。

歡呼吧，巨濤！
歌唱吧，海燕！
歌唱這祖國海上健兒創造的新奇跡，
歌唱這不到三十分鐘的勝利自衛戰！
新中國參戰的人民海軍，
既沒用什麼"科馬爾級的驅逐艦"，
更沒用什麼"冥河式導彈"，
我們是：
以小打大，
以弱敵強，
小試鋒芒，
就叫那老闆和走狗丟盡了臉！

歡呼吧，巨濤！
歌唱吧，海燕！
歌唱這祖國海上健兒創造的新奇跡，
歌唱這不到三十分鐘的勝利自衛戰！
毛主席締造、指揮的人民海軍啊！
近戰殲敵，渾身是膽，
軍艦掄開了手榴彈，
海上人民戰爭史，
蔚爲奇觀展新篇。

四、國旗飄揚在西沙群島

曉風起，
艦艇高速向前進，
住艙裡，

滿坐著陸軍和民兵。
祖國的寶島要解放，
軍民並肩殺敵人！

一位黎族新戰士，
背靠艦壁，
槍貼前胸，
寬簷的前額，
似五指山的岩峰，
明星般的眼睛，
注滿了火焰般的熱情，
豐潤的臉龐，
像成熟的咖啡豆一樣深紅。
他的左臂，
曾戴過紅衛兵的袖章，
握槍的手，
曾揮斥林賊寫詩作文，
今天，
他要用熱血寫張大字報，
懸掛在太平洋的雲空：
中國的領土絕不許侵犯，
侵略者玩火必自焚！

大海忽然驚跳翻滾，
新戰士禁不住身失重心。
頭暈，嘔吐，
軀體像時浮時沉。

指導員忙給他撫胸捶背，
親切地安慰他"不要緊"。
他拿出壓縮餅乾，
就開水細嚼慢吞：
"戰友們！
阿春我已摸到大海的脾性，
吐了再吃，
吃了再吐，
山中虎要變水底龍。"

新戰士李阿春哪，
就這樣嘔心瀝血，
爭做解放寶島的先鋒。
猛然間，
叮叮叮！
全艦響起警報鈴！

一聽戰鬥鈴聲響，
頭暈嘔吐忘乾淨，
軍和民立起抓槍，
登甲板如履平地，
勇猛又機靈。
蒼海似輕紗覆蓋，
水盡處一抹朝雲，
影綽綽，
正前方一條灰白色的線，
那就是被西貢偽軍霸佔的寶島，
祖國版圖上的一顆星。

......

阿春似看見，
獸蹄踐踏著他珊瑚般的身軀，
直覺得鑽心似的疼。
他大步上前叫首長，
要求任務表決心：
　"請把國旗交給我！
只要還有一口氣，
就要把它插上祖國的寶島，
迎來整個西沙解放的黎明！"

首長撫著他的肩頭，
那蓬勃的朝氣沁人心胸。
小夥子入伍不到一年，
為人民立下了三等功，
在一個颱風之夜，
入激流救起了兩個紅小兵。

首長莊重地遞過國旗，
一遍遍囑咐叮嚀。
黨，
對這紅旗下生長的青年，
賦予了無限的信任 ——
革命的未來屬於他們！

艦炮怒吼，
摧枯拉朽，
猛轟敵陣！

戰士民兵換乘了橡皮舟，
向灘頭飛槳疾進。

突然間
一串子彈打穿了橡皮舟，
阿春他棄船跳海浪裡行。
一隻手高擎國旗，
一隻手擊水游泳，
民兵排長趕上來，
帶著他的臂膀泅水越浪峰！
登上了礁盤，
搶上了沙灘，
兵民更奮勇。
衝鋒號，直吹得，
雪浪擎天，
群島地動，
草木呼風恰似萬馬騰！

猛地裡一顆敵彈，
打中了旗手的臂膀，
疼痛如同刀剜心！
黎族戰士的熱血啊。
像朵朵紅花戰地開，
古老西沙逢新春……

阿春手拄著旗桿，
奮力鼓著勁，
國旗在他頭上嘩啦啦地飄，

使他滿腔血沸騰：
　"祖國啊！為了您流血、犧牲，
是我們最大的幸福和光榮！"
阿春複又高高舉起國旗，
英勇衝擊奮不顧身！
新兵高舉著國旗，
國旗鼓舞著新兵！
激勵著戰友們向前衝！

在國旗光輝的照耀下，
阿春衝到敵軍營房的大門。
民兵排長自報奮勇當底座，
與戰友搭成一道人梯，
把旗手送上營房的最高層！
黎族新戰士阿春，
一隻手拔下了西貢傀儡的黑旗，
一隻手把五星紅旗穩插在屋頂！
南中國的曙光，
輝映著他高大的身軀，
領章，紅星……

國旗在軍號聲中飄揚！
英雄們已把各島的殘敵肅清！
國旗在西沙群島飄揚！
軍民舉鋼槍，歡聲如雷霆：
守島一條心，
建島一家人。

國旗在飄揚，
豪邁舞東風，
召示我們繼續鬥爭！
一定要解放臺灣省！
祖國的每寸土地每滴水，
都必須歸還站起來的人民！

國旗在飄揚，
雄偉傲長空，
召示我們繼續革命！
批林批孔當闖將，
粉碎敵人復辟夢！

國旗在飄揚！
國旗在飄揚！
國旗下的南海啊！
一層淺綠，
一層深藍，
一層桔黃，
一層緋紅。
看哪！
太陽出來了！
太陽出來了！
照亮了西沙群島，
照亮了南海長城。
聽哪！
江河湖海，
平原峻嶺，

黨、政、軍、民、學，
東、西、南、北、中，
齊聲高唱：
"東方紅……"

1974 年 3 月 10 日完稿於北京

（原載《光明日報》1974 年 3 月 15 日）

給 戰 友 們

曲 有 源

一

無產階級的耳朵，
沒有被汽錘、拖拉機震聾！
它時刻分辨，
它時刻傾聽：
《國際歌》的旋律，
是不是混進了
禿鷲的嘶鳴！

二

要時刻注意 ──
在遮著窗戶的屋子裡，
在裝著隔音板的臥室裡。
那資產階級音樂，
那孔老二的囈語，
正飛出窗縫門隙。
所以無產者的手呵，
不僅要握住剎把、鋤把，

更重要的是捏緊
封、資、修的咽喉，
不讓它緩過一口氣！

三

無產者絕不要
把幹革命的老本，
存到銀行，領取利息；
要在繼續革命的大道上，
勇敢前進；
要在批林批孔運動中，
創造新的業績！

四

在我們的園地裡，
新事物的幼芽，
正雨後春筍般地萌生。
無產者的任務，
不僅是耕種，
要時刻注意：
有人把孔老二的毒劑，
充當化肥，撒進渠水中！

五

揮著牧鞭的"五·七"戰士，

背著銀針的赤腳醫生；
邁上大學講臺的工人師傅，
扛著鋤頭的集體戶新兵……
迎著新時代的太陽闊步走來了，
壯大了我們階級的
新的陣容！

六

林賊捂著腦袋，
孔丘喘著粗氣，
你們的進攻又失敗了，
—— 反動的階級！

（原載《解放軍文藝》1974 年第 3 期）

小靳莊詩歌選（22首）[1]

王樹青等

　　《天津文藝》編者按：天津市寶坻縣小靳莊大隊的廣大社員，批林批孔運動進行得有聲有色，推動了農業生產和各項工作。群眾詩歌運動也蓬蓬勃勃地開展起來了。他們熱氣高，幹勁大，在田間，在地頭，在場院，會前飯後，幹部、群眾一齊"放聲高唱革命歌"，創作了許多革命詩歌，真是"詩滿田園歌滿莊"。這些詩歌，熱情歌頌偉大領袖毛主席和中國共產黨，歌頌無產階級文化大革命和社會主義的新生事物，歌頌毛主席革命路線的偉大勝利。同時，以詩歌為武器，對準林彪、孔老二，發出了排排炮彈，狠批他們"克己復禮"的反革命罪行。這些直接來自廣大群眾的革命詩歌，愛恨分明，語言生動，剛健清新，充滿了強烈的階級感情和高昂的革命戰鬥精神，在批林批孔鬥爭中，在"農業學大寨"運動中，發揮了革命文藝"團結人民、教育人民、打擊敵人、消滅敵人"的戰鬥作用。

　　我們熱烈讚揚這些革命的農民詩歌！他們的詩寫得多好

1　編者按：天津市寶坻縣小靳莊是江青抓的"意識形態領域革命的典型"，"大寫革命詩歌"是"小靳莊十件新事"之一。1974年6月天津人民出版社出版《小靳莊詩歌選》第一集，1976年4月出版第二集，人民文學出版社也於 1976 年 4 月出版《十二級颱風刮不倒 ── 小靳莊詩歌選》。"小靳莊詩歌"，由江青授意，假借大隊社員的名義捉筆代刀而成，淪為"陰謀文藝"的一部分。粉碎"四人幫"以後，這些詩歌受到批判，清算了"四人幫"利用小靳莊詩歌進行反革命活動的罪行。

啊！現在，我們從這些詩歌中選出一部分作品向讀者推薦。

　　我們熱切地希望，革命文藝工作者和廣大工農兵業餘作者，要向小靳莊的貧下中農學習，認真學習馬列著作和毛主席著作，深入到工農兵火熱的鬥爭生活中去，在繼續深入開展的批林批孔鬥爭中，寫出又多又好的革命文藝作品，充分發揮文藝的戰鬥作用。

　　幸福全靠毛主席
　　批諺語："天做莊稼人做夢"
　　社員王樹青

　　誰見農民做過千年夢？
　　誰見過老天種過地？
　　天地是自然，
　　沒有任何意。
　　天，還是這個天，
　　地，還是這個地。
　　善惡階級分，
　　幸福全靠毛主席！

　　頌歌唱給毛主席
　　社員王玉華

　　一行行白楊接藍天，
　　一條條銀渠映彩虹，
　　一聲聲馬達唱讚歌，
　　一塊塊園田平如鏡，
　　一片新貌哪裡來？
　　全靠領袖毛澤東。

人民公社好風光
大隊婦代會主任周克周

新天新地新時代，
公社社員多豪邁，
放聲高唱革命歌，
登上詩壇賽詩來。

人民公社好風光，
大寨紅旗迎風揚，
河山壯麗人歡唱，
詩滿田園歌滿莊。

新天新地新時代，
公社社員多豪邁，
精神抖擻滿身勁，
大步登臺賽詩來，
豪情壯志滿胸懷，
高唱文化大革命，
天地新春我們開！

全靠偉大的共產黨
社員王廷耀

條條水渠織成網，
棵棵電桿排成行，
處處都有機器轉，

村村一片新瓦房。
貧下中農喜洋洋，
紅旗招展把歌唱，
人民公社氣象新，
全靠偉大的共產黨。

小靳莊盛開大寨花
青年社員陳英

貧下中農幹勁大，
天大的困難踩腳下，
改地治城創高產，
小靳莊盛開大寨花。
箭桿河邊紅旗揚，
決心要把長江跨，
糧食畝產超千斤，
毛主席革命路線威力大。

大寨花開千萬朵
大隊黨支部書記王作山

大寨花開千萬朵，
戰天鬥地英雄多；
天氣雖冷人心熱，
小車飛跑快如梭；
一車河泥一車糧，
遍地紅旗遍地歌；
鼓足幹勁超《綱要》，

畝產要把千斤過。
革命生產結碩果，
咱給毛主席唱勝利歌。

親人來到咱們村
一隊副隊長王新民

親人來到咱們村，
握住我手暖我心。
暖流滾滾幸福淚，
萬語千言吐不盡。

天比黨恩天亦小，
黨比親娘黨更親。
暖流化作無窮勁，
原挑五百擔千斤。

眼望親人熱淚滾
大隊婦代會主任周克周

親人來到咱們村，
眼望親人熱淚滾；
條條指示多親切，
字字句句暖我心；
胸懷朝陽幹革命，
雙手開出萬年春。

給中央同志唱革命樣板戲
社員 于哲懷

親人送我一杯水，
喝在口中心裡美；
學唱革命樣板戲呀，
千遍萬遍不覺累。

社會主義道路我們走定了
老貧農 魏文中

老隊長收工回到家，
一張契紙手中拿。
我問拿它做啥用？
老隊長半晌才回答：

這是一張賣身契，
深仇大恨它記下。
隊裡召開批判會，
我要拿它把言發。

在那萬惡舊社會，
我給地主當牛馬。
那年我才十一歲，
地主逼我頂債到他家。

媽媽望賣身契淚水流，

滿腔仇恨強咽下。
林彪跟孔老二大肆講"仁愛",
這是顛倒黑白說鬼話。

毛主席的革命路線是燈塔,
社會主義道路我們走定啦!
林彪、孔老二妄想搞復辟,
我們堅決批倒他!

批判會上一個鬥

一隊副隊長王新民

批林批孔怒潮湧,
批判會上殺聲吼,
老隊長搶先發了言,
手裡還拿著一個鬥。

舊社會啊財主的鬥,
血盆大嘴賽虎口,
一鬥糧食千鬥淚,
鬥鬥糧食淚河流。

血淚養胖狗地主,
窮人只剩下皮包骨。
春雷一聲震天響,
咱窮人翻身砸爛了鬥。

林彪、孔老二講"仁愛",

是想領咱往舊路上走。
社員揮鐵拳，
怒火燃心頭！
幸福生活憶過去，
子孫萬代別忘鬥。

鋤掉毒草化肥

一隊婦女隊長、共青團員于芳

孔孟信徒賊林彪，
夢想變天耍花招，
嘴裡高唱仁愛經，
肚裡藏著殺人刀，
徹底砸爛孔家店，
鋤掉毒草化肥料。

孔孟之道要戳穿

女社員王秀芳

公社婦女不簡單，
農業戰線半邊天。
走出家門幹革命，
革命生產都爭先。
"男尊女卑"是鬼話，
多少年來把人騙。
林賊的修根要斬斷，
孔孟之道要戳穿！

向林彪、孔老二猛開炮
女民兵霍桂芝

敲響戰鬥的鼓，
吹起進軍的號，
廣闊農村擺戰場，
批林批孔掀高潮！
搗毀孔家店，
砸爛林家巢，
公社民兵齊上陣，
對準林彪、孔老二猛開炮！

掃除害人蟲
社員王滅孔

"克己復禮"復辟經，
"仁愛"、"忠恕"把人蒙。
林彪爲了搞復辟，
認了孔丘當祖宗。

鐵拳砸爛賊林彪，
殺聲震碎變天夢。
奮起革命千鈞棒，
掃除一切害人蟲！

批林批孔凱歌傳
女民兵　王先

風吹麥海波浪翻，
民兵管麥在田間，
大寨紅旗飄心上，
批林批孔幹勁添。

揮鋤鬆土麥苗綠，
手舞銀鍬引清泉，
渾身汗水灑春雨，
滿心歡喜歌不斷。

咱是時代新"愚公"
立志建設好河山，
公社美景親手繡，
批林批孔凱歌傳。

鐵手鋼肩改山河
青年社員王橋

大寨精神傳全國，
全國各地結碩果。
貧下中農學大寨，
鐵手鋼肩改山河。

政治夜校開得好，
毛澤東思想暖心窩。
咱為革命來種田，
定要貢獻年年多。

箭桿河邊戰鼓擂

青年社員陳祥

箭桿河邊戰鼓擂，
積肥大車排成隊，
紅纓鞭兒催駿馬，
你追我趕快如飛。

早晨披星就起床，
晚上戴月把家歸，
運肥不怕苦和累，
都爲山河更壯美。

十里堤上

民兵連長王杜

十里長堤披霞光，
十里嫩柳十里楊，
十里堤內水長流，
十里堤外稻花香。

忽聽堤上馬鈴響，
車馬成隊又成行，
馭手鞭催馬蹄急，
車上姑娘笑語響。

昔日城窪多豺狼，

十年十澇水汪汪；
共產黨領導俺翻了身，
城窪變成米糧倉。

十裡長堤車不斷，
十裡堤上歌聲揚，
豐收不忘毛主席，
俺們喜交愛國糧。

夜校花開結碩果
共青團員王耀

貧下中農上夜校，
理論文化全學到，
刻苦鑽研馬列書，
會寫文章能讀報。
學完會用聯得好，
批林批孔頭一條。
資本主義不能搞，
重副輕農不能學。
林牧副漁全發展，
以糧為綱不動搖。
夜校花開結碩果，
方向明確鬥志高！

太陽高照滿屋紅
女社員魏永麗

三星當頭夜已深，
燈光照亮讀書人，
一字一句細琢磨，
讀書三遍不覺睏。
越讀心明眼又亮，
兩條路線分得清，
越讀越覺幹勁大，
改天換地信心增。
燈光映照領袖像，
心中更覺毛主席親。
一字一句全記下，
太陽高照滿屋紅。

基本路線指方向

民兵指導員 王廷光

基本路線指方向，
批林批孔是闖將，
是非曲直分得清，
風裡浪裡不迷航。

基本路線指方向，
階級鬥爭永不忘，
革命又奪新勝利，
毛澤東思想來武裝。

基本路線指方向，
貧下中農鬥志昂，

高舉紅旗邁大步，
繼續革命向前方。

誓把青春獻農村
知識青年孫竹英

紅旗飄飄把路引，
滿懷壯志奔農村。
金光大道朝前闖，
志做革命接班人。
插隊落戶幹革命，
廣闊天地煉紅心。
革命重擔挑肩上，
誓把青春獻農村。

贊"半邊天"
青年社員王瑞芝

"半邊天"，不簡單，
眼裡根本沒困難，
雙手治服旱澇城，
定要城窪變良田。
越是艱苦越向前，
婦女能頂"半邊天"。

（原載《天津文藝》1974 年第 4 期）

理 想 之 歌

北京大學中文系七二級創作班
工農兵學員集體創作

紅日、
白雪、
藍天……
乘東風
飛來報春的群雁。
從太陽升起的北京
啓程，
飛翔到
寶塔山頭，
落腳在
延河兩岸。
歡迎你們呵！
突擊隊的新戰友，
歡迎你們呵！
我們公社的新社員。
喝一碗
熱騰騰的米酒吧！
— 延安人民的情意
釀在裡邊；
吃一把

紅彤彤的大棗吧！
陝北的棗兒呵
蜜一般甘甜！
看你們白羊肚手巾
紅袖章，
　──　高原上
又開放一片山丹丹……
新來的戰友呵，
你問我：
　"什麼是
革命青年的理想？
怎樣理解
又怎樣實踐？"
　──　這確是一張
十分嚴肅的考卷！
……嗩吶聲、腰鼓點，
信天遊一曲上雲端。
牽動我心中的
滾滾延河水呵，
讓我告訴你 ──
革命的理想呵 ──
怎樣引導我
踏上眼前的康莊大道，
革命的理想呵，
又怎樣激勵我
跨入閃光的明天……

一

當我第一次
睜開眼睛，
祖國
正是朝霞滿天的黎明。
雙腳剛剛落地，
就踏上了
紅色的甲板，
撲面而來的
是前進航程中
洶湧的浪峰。
阿姨講起
包身工的希望，
伯伯掏出
兒童團的紅纓。
"快點長大吧！
等待你的
是又一場偉大的革命。"
也有人送來
一隻白鴿，
說它象徵著
永久的和平。
"你真幸運呵
再不會看到
階級鬥爭的刀光劍影…一"
—— 多少幅畫卷

在眼前展開，
哪一幅是
最好的遠景？
理想的航帆
就這樣
升起來了，
四方來風
就這樣
將它吹動……
大躍進的爐火
燒毀了右派分子的迷夢，
爐膛裡
有我撿來的
碎鐵小釘；
叔叔們寫批判稿
投入廬山的戰鬥，
我說明
把墨研得
又黑又濃……
我雖沒有趕上
戰火紛飛的年代，
身邊仍然是
暴雨急風！
凝視著
紅軍草鞋上的血斑，
撫摸著
八解帽上的彈洞，
我懂得了

創業的道路
是革命先輩
用生命和鮮血鋪成。
從《雷鋒日記》的
字裡行間，
從收音機裡
廣播的 "九評" ，
我知道了
為了鞏固政權，
正進行著
更壯麗的萬里長征！
先烈的目光
像在大聲發問：
"我們的理想
怎樣實現？
未竟的事業
誰來繼承？" ……

又過了七八年，
又過了七八年！
無產階級文化大革命，
一聲震撼世界的雷鳴！
第九次大搏鬥，
第十次大搏鬥！
我
同父兄一般高，
編制在
革命大軍的行列中 ──

曾記否？
《炮打司令部》
挾雷攜電的
宣言；
曾記否？
毛主席的紅衛兵
摧枯拉朽的筆鋒。
把橫掃四舊的倡議
一夜之間
貼滿全城，
讓大串連的腳步
山南海北
遍撒北京的火種。
難忘的"八‧一八"呵，
鮮紅的袖章
染上了
紅太陽的光輝（注：已把"渾"改成"輝"）
"我們支持你們！"
── 偉大的聲音
激起紅浪千層！
支持我們呵
對反動派造反有理，
支持我們呵
爲"解放全人類"
奮鬥終生。
毛主席揮手
我前進呵！
風雨中

多少海燕擊長空。

逆流迴旋
難阻大江滾滾東滾去,
猿聲悲啼
革命航船已過山萬重…一
迅猛的風暴
橫掃著
"克己復禮" 的陰雲。
憤怒的聲討,
宣判了
修正主義教育路線的死刑!
什麼
"求名不得
抑鬱而死",
什麼
"飛吧,未來的科學家
年輕的鷹……"
有個佃戶的後代
不認自己的親生父母,
有個礦工的兒子
不願再去挖煤下井。
這就是
和平演變呵
—— 潛移默化,
這就是
階級爭奪呵
—— 你死我生。

一月風暴裡
我到過上海港，
搬運工人
給我講：
他怎樣含著熱淚
送我國第一艘萬噸輪
啓錨登程。
長征串連路上
我到過紅旗渠，
貧下中農
給我看：
為了重新安排林縣河山，
一米長的鋼
怎樣磨剩了三寸……
呵，描繪理想的大筆
從來傾注著
階級的深情；
只有與工農相結合，
這才是通向
革命理想的
惟一途徑！……
　"知識青年到農村去……"
毛主席
發出了進軍號令！
百川歸海呵
萬馬奔騰，
決心書下

簽名排成
一列長龍，
接待站前
同學少年
待命出征！
呵，不可戰勝的幼芽
在火紅的年代
誕生！
離別北京的
前一天夜晚，
我和戰友們
來到中南海外，
眺望著
徹夜的燈光，
傾聽著
拍岸的波聲。
揮筆寫下一行誓言：
"上山下鄉
徹底革命！"
一個字
用八張紙，
從傍晚
寫到黎明，

為了讓敬愛的
毛主席，
推開辦公室的窗櫺，
能在晨曦的輝映下，

看到我們的決心，
露出欣慰的笑容。……

二

排排窯洞
層層梯田，
千里高原
萬里長川，
懷揣著
毛主席給紅衛兵的信，
我們從北京
來到延安。
這裡
就是我
理想種子紮根的土壤，
這裡
就是我們
戰天鬥地的營盤。
上工的晨鐘
奏起了
理想之歌的
第一個音符。
燒荒的野火
映紅了
理想詩篇的
第一行語言。
钁把

磨穿了掌心的血泡，
荆棘
劃破了褪色的學生藍。
鋤地，
大娘教我分苗草；
揚場，
大爺教我把風向辨。
前進道路上，
哪一步
沒有鬥爭相伴？
哪一程
沒有階級親人在身邊？

一個風雪的夜晚，
卷刃的老钁
忽然不見，
循著腳印我來到後村，
哦，
爐火映紅了一孔窯面。
老钁已被加鋼，
老八路白髮紅顏
坐在風箱前。
南泥灣大生產的
老模範呵，
上甘嶺保衛戰的
英雄漢！
把復員費全部交給隊裡，
堅決抵制了

退社單幹。
他手中的大錘
鍛造出多少
制服窮山惡水的
鋼釬？

呵——
錘聲叮噹，
爲理想之歌加進了
繼續革命的節奏，
火光熊熊。
把理想之歌的
第一個音符熔煉。

那是水電站
剛剛建成的時候，
我找到一位烈士的母親
——"老婦聯"：
"給窯裡安上電燈吧，
您看書寫字有多方便。"
老媽媽笑著搖了搖頭：
"還是先建個
廣播站吧。
把電線拉到
整個山川。
讓大夥都能聽見
北京的聲音，
讓毛主席的思想

照亮千家萬戶人的
心坎。"

沒有浮華的詞藻,
沒有綺麗的語言,
階級親人們呵,
幫我校正著
理想的航線。

翻開隊委會記錄本,
我把
"千萬不要忘記階級鬥爭"
寫在上邊,
砸爛孔廟裡鬥大的"仁"字,
我們辦起了
批林批孔的展覽。
星夜裡,
挑燈巡視水庫堤岸,
識陰晴、
辨敵友,
練就一雙階級的銳眼,
岔路口,
攔住棄農經商的大車,
頂逆流,
分路線,
鑄造一副鋼鐵的肝膽!

穿上第一雙陝北鞋,

我同親人一起，
扶犁耙，
甩響鞭，
救羊群，
趟險灘。
深翻土地，
舉起
三五九旅的鑔頭。
清理賬目
撥動
土改復查的算盤。
蘸著豐收的汗水
我把鐮刀
磨得銀光閃閃，
迎來了學大寨的
又一個金色的秋天。
冒著漫天飛雪，
我們點起劈嶺填溝的排炮，
開始了
跨長江的攻堅戰！

幸福凝結著
創業的艱難，
勝利預示著
更嚴峻的考驗。
是在這寶塔山下、
延河岸邊，
我開始理解：

從來就沒有什麼
個人理想的詩篇；
我們革命青年的理想，
要由整個無產階級譜寫，
要把千百萬人
召喚！
我們壯麗的
現實和理想，
是用革命戰鬥的紅線
緊緊相連。
與天奮鬥，
與地奮鬥，
與人奮鬥，
其樂無窮！
我們沿著
與工農相結合的方向，
衝鋒陷陣，
一往無前！
誰說我們的生活
"平平淡淡"，
我們的事業
風光無限！
誰說"農村落後
難以改變"？
世上無難事，
只要肯登攀！
農村
需要我，

我，
更需要
農村。
貧下中農的希望，
就是我的志願。
爲了實現無產階級的理想，
我願在這光榮的陝北高原，
迎接十個、幾十個
戰鬥的春天！

親愛的戰友呵，
新來的夥伴！
這時，
只是在這時，
我才開始塡寫
　"什麼是革命青年的理想"
這張嚴肅的考卷……

三

但是，
理想的航道
並不那麼寧靜、坦蕩，
豐饒的山區
也不都長著核桃、海棠。
騙子會裝出
　"同情"的腔調，
富農會端來

"關心"的米湯。
不敢揚帆的航船，
會在泥沙中擱淺；
躲進屋簷下的燕雀，
當心煤煙染黑了翅膀。
有人躲在陰暗角落
射出"變相勞改"的毒箭，
有人站在邪路上
販賣"勞心者治人"的砒霜。
什麼"人生""青春"哪，
"前途""理想"哪，
醜惡的個人主義，
常借這誘人的字眼，
打扮梳妝。
西伯利亞的冷風，
也吹來了
新沙皇的叫嚷，
在"理想"問題上，
修正主義者
也在大做文章：
什麼"中國青年沒有理想"，
—— 好一副悲天憫人的偽裝，
將禍心包藏。

正是你們背離了
十月革命的道路，
正是你們出賣了
布爾什維克黨！

你們的理想
究竟是什麼貨色？
不過是伏特加中的
醉生夢死，
爵士樂中的
糜爛瘋狂。
你們那臭名昭著的“土豆燒牛肉”，
“造就”了
垮掉的一代，
在無產階級戰士面前，
你們有幾絲螢光？！
你們剝削階級的梯子，
豈能夠到
我們的心窗？
你們帝國主義的尺子，
怎能把
我們的襟懷度量？！
我們戰鬥的崗位
雖在這小小山莊，
祖國的江河山川
皆在我望！
孔孟之道的幾絲蛛網，
遮不住《共產黨宣言》的光芒；
我們寬闊的胸膛
向著五洲風雲開敞。
我們同工農兵結合的
隆隆腳步聲，
震碎了

你們這些蓬間小雀的
一枕黃粱！

……馬蹄破冰川，
套桿打豺狼，
"寶貴青春屬人民，
誓將青春獻人民。"
── 那是我們的張勇呵，
捨生忘死
救群羊！
氣蓋雙河浪，
壯歌震北疆，
"活著就要拼命幹，
一生獻給毛主席！"
── 那是我們的金訓華呵，
化作雄鷹
雲裡翔！
"跟上來呵！"
── 英雄在召喚；
"我們來了！"
── 回聲響徹
嶺南、塞北、
海島、邊疆。
千萬個金訓華、張勇
在戰鬥，
千萬個金訓華、張勇
在成長！
呵 ──

"廣闊天地，大有作爲"，
幾個騙子
抹煞不掉這鐵的事實！
它寫在大地，
寫上長天，
寫進這偉大時代的
《編年史》，
也寫進億萬青年人
火熱的心房。
這是歷史上
一次偉大的反潮流呵，
這是一場
震撼世界的反修仗！
讓火炬燒得更旺，
把戰鼓擂得更響！·
我們宣戰了，
向舊世界宣戰！
向帝修反宣戰！
我們要衝決
資產階級法權思想的羅網，
我們要摧毀
舊傳統觀念的牢牆。
看呵，
八億人旌旗奮舉，
聽呵，
九萬里風雷激蕩。
國家要獨立，
人民要革命，

民族要解放！
我們用寬厚的肩膀，
挑起了革命的重擔；
我們用帶繭的雙手，
接過了先輩的刀槍。
黨呵！
請檢閱我們的隊伍吧！
幾百萬
幾千萬！
呵，整整一代
有志氣有抱負的中國青年，
前途無量。
千重峰巒，
萬頃巨浪，
後繼有人，
大有希望！
我們有
馬列主義的
開天巨斧，
我們有
毛澤東思想的
指路陽光！
前進，向前進！
"希望寄託在
你們身上。"
呵！
寄託在
我們身上！

前進，向前進呵！
迎著風暴，
迎著火光，
迎著雷霆，
迎著激浪，
迎著共產主義
鮮紅的
太陽！

（選自《理想之歌》人民文學出版社 1974 年 9 月第 1 版）

大 慶 詩 簡

張 天 民

我們的井隊在遠方

天蒼蒼，
雪茫茫，
風飄百里有油香。
煉油廠雲煙衝天起，
油建工地篝火旺，
採油女工上井場，
運料卡車響鏗鏘……

站在油田四下望，
我們的井隊在遠方。

地平線上一片燈，
好像繁星從天降，
顆顆照在泥漿泵房，
串串掛在高井架上，
這明珠的層樓，
這寶石的河流，

在遙遠、遙遠的天際閃亮。

我們的井隊在遠方，
遠方雪紛揚，
零下四十度，
擺開新戰場：
內外鉗身上一層冰，
老司鑽得眉毛兩道霜，
二層平臺上的井架工，
冰溜子掛在鋁盔上，
大鉗打得哢哢響，
大鉤上升又下降，
要為革命烈火來加油，
大汗嘩嘩淌！

英雄鑽井隊，
大步朝前闖！
油田在擴展，
井排在延長，
若問大慶新邊界，
眼睛跟著燈火走，
望遠方，更遠方……

到黎明，
鮮豔的紅日升，
駛來油龍長又長，
"我為革命烈火去加油呀！"
一聲長嘯向四方……

元旦起步

元旦，零點。
鐘聲剛剛飄過油田……

轟轟轟！開工炮響，
震得冰湖直呼閃！

紅旗百面、千面，
聚光燈、白熾燈幾十盞，
井架像玉樹銀花，
油田不夜天。

老司鑽，
王進喜的夥伴，
踏上鑽臺，手扶剎把，
風姿和鐵人一般，
招呼一聲"開鑽"，
地球在腳下抖顫！

戳開三尺冰層，
向大地加壓猛鑽，
那晃晃響聲
震人心弦，
那強勁鑽桿
壯人肝膽！

此時鑼聲、鼓點，
響得更爆、更歡，
工人發射焰火，
夜空禮花絢爛……
你看副司鑽
身影一閃，
手套凍硬了，甩掉，
光著手幹！

熱手摸涼鐵，
黏掉皮一片，
憑什麼眉頭不皺？
憑什麼一往無前？

鐵人王進喜的身影，
閃現在他的心間；
那叱吒風雲的吶喊，
正在把他召喚！

四面呼聲急，
油田熱浪翻，
今日鐵人有千萬，
步伐正矯健。

一月，一日，零點，
起步，飛奔，向前，
奪取新的勝利，
大慶徹夜不眠……

（選自《戰猶酣》人民文學出版社 1974 年 9 月版）

軍馬場抒情

時 永 福

牧工的話

藍天一片，綠草一片，
草原是軍馬場的大院；
白雲一片，紅花一片，
草灘是軍馬場的地毯。

黃泥巴壘起排排宿舍，
紅柳條圍起座座馬圈，
乾牛糞生起點點篝火，
雪海裡升起縷縷炊煙。

批林批孔的戰鼓催動乘馬，
牧馬戰士駕馭著整個草原；
朝發，如山的馬群一手推，
晚歸，似海的馬群一鞭趕。

我摸透了老天的脾氣，
熟悉了明月的笑臉；
我聽慣了狂風的歌唱，

懂得了軍馬的語言。

暴雨來了，我護衛馬匹的安全，
風雪來了，我關心小駒的冷暖；
我盼望牠們快快長大，
又捨不得牠們離開身邊。

每當我把軍馬送交部隊，
心裡浸滿幸福與誓言。
牧工是社會主義的堅強衛士，
馬場也是保衛祖國的鋼鐵戰線。

繩子歌

昨天，我們用它打井，
拉動了整個荒灘；
拉呀，拉呀，拉井繩，
把泉水拉出地面。

今天，我們用它打水，
繩子如同水管；
搖呵，搖呵，搖轆轤，
攪起了水聲一片。

我們用它引水灌地，
從菜根綠到菜尖；
我們用它打水澆樹，
從沙地綠到藍天。

我們用它引水煮飯，
從嘴邊甜進心坎；
我們用它打水飲馬，
從井臺笑到棚圈。

草原掀起批林批孔高潮，
牧工心裡湧起萬丈狂瀾，
井臺上擺開大批判戰場，
轆轤邊捲起戰鬥的語言。

繩子磨硬層層手繭，
繩子磨出雙雙鐵肩，
繩子鋪出一條閃光的路─
從馬場的過去到草原的明天……

送　馬

一陣鑼鼓，激動了人群，
又一陣鑼鼓，敲醉了人心；
今天是牧工快樂的節日，
歡送又一批駿馬"參軍"。
昨晚多少人沒睡，
馬燈伴著明星：

洗呀洗，黃馬上鍍一層金，
刷呀刷，白馬上鑲一層銀。
今天多少人早起，

韁繩牽出朵朵彩雲：
溜馬，恨不得走遍草坪，
飲馬，恨不能搖乾水井。

馬呀，再飲一口草原的水，
今天，你就要踏上新的里程；
馬呀，再吃一棵牧場的草，
明天，你就要在千里外執勤。

從聽到你的第一聲歡叫，
牧工就捧給你滿腹熱情；
你睡了，牧工還沒有睡，
你醒了，牧工早已起身。

牧工閉上眼，能辨出你的叫聲，
你在千米外，能認出自己的主人。
風雪撞著你的四蹄，
牧工卻在風雪後跟緊……

去吧！牧工的無言戰友 ──
大炮等著你拉，物資等著你運，
騎兵等著你一起出征，
立了功，別忘給家裡捎個喜訊！

（原載《解放軍文藝》1974 年第 12 期）

鎖鏈·鐵錘

仇學寶 甯 宇 劉希濤 成莫愁
鄭成義 居有松 徐如麒

無產者在這個革命中失去的只是鎖鏈。他們獲得的將是整個
世界。

　　—— 《共產黨宣言》

陽光燦爛，
人潮翻捲，
"認真學習無產階級專政理論" ——
高樓飛瀑，
映紅雲天；
跨進革命歷史展覽館，
一步步，踏級向前。
抬頭看，
劈面望見：
牆上掛著，
一副副鐐銬，
一條條鎖鏈，
血跡冷凝，
鏽斑點點；
像一串串長長的問號，

扣人心弦 ──
"昨天的奴隸呵，
可曾忘記？
先烈的囑咐，
革命的宣言！"

望鐐銬呵
看鎖鏈，
似聽到 ──
大海在咆哮，
吼聲衝霄漢：
"這是最後的鬥爭，
團結起來，到明天……"
無產階級的戰歌，
挾萬鈞雷霆，
越萬重關山，
回蕩胸間。
這是繼續革命的戰號，
這是實現共產主義的誓言！
壯志未酬情滿懷呵，
能不思潮翻捲……

一

呵！鎖鏈 ──
階級壓迫的象徵，
鬥爭歷史的證見，
延續千年。

當私有財產
在氏族中孕育，
鎖鏈呵，
就在作坊裡冶煉。
沉沉鐵鏈呵，
滾滾烽煙，
多少奴隸 ——
怒爲砸鏈舉義旗；
多少壯士 ——
憤爲破鐐斬凶頑！
然而呵，
年年、代代，
代代、年年，
從木枷、烙印，
到工票、電鞭……
鐐銬式樣 —— 翻了又翻，
鎖鏈品種 —— 變了又變，
雲飛月移山不動呵，
勞動者依然背壓彎！

—— 給我雷霆！
—— 給我閃電！
—— 給我長纓！
—— 給我利劍！……
於是呵，
"一個幽靈"，
在歐洲出現。
成熟了！覺醒了！爆發了！

《共產黨宣言》
照亮了 ──
人類歷史的春天。
無產階級的鐵錘,
敲響了 ──
資本主義的喪鐘;
巴黎公社的槍刺,
揭開了 ──
革命鬥爭的新篇。
於是呵,十月的炮聲,
井崗的烽煙……
紅旗下,千百萬受苦的奴隸,
高舉鐵錘鐮刀,
浴血奮戰 ──
我們要做新世界的主人!
我們要砸碎千年鐵鎖鏈!
鐵流滾滾,
一往無前……
呵!鮮紅的太陽,
照亮了祖國的群山;
血染的戰旗,
輕拂著我們的雙肩;
翻身的奴隸呵,
像巨人 ──
立地頂天。
一個紅彤彤的新天地,
正展現在我們的面前!

二

望鐐銬呵，
看鎖鏈，
一串串長長的問號，
扣人心弦 ——
"翻身的奴隸呵，
可曾想過，
你的頸上，
還有沒有鎖鏈？"

不能說呵，
鬆綁的血管，
已經可以自由搏動，
解放的肌肉，
已經完全舒坦；
不！
在我們身上，
還有 ——
種種鐐銬！
條條鎖鏈！
翻開歷史呵 ——
復辟、反復辟的硝煙。
彌漫字裡行間；
舊勢力死灰的複燃，
變化萬千……
資產階級王朝，

雖被打倒，
但資本主義，
卻還在滋生，蔓延……
大好的社會主義江山。
雖然蓬勃興旺，
百花爭豔，
但還存在著 ──
鐐銬復活的土壤，
鎖鏈再生的條件；
九百六十萬平方公里大地，
雖有座座紅色壁壘，
道道鋼鐵壕塹；
卻還存在著 ──
資產階級的"土圍子"，
小生產者的包圍圈。

看！就在這社會主義大地上。
億萬人民，意氣風發，
戰天鬥地，揮汗大幹 ──
為光輝燦爛的未來，
巧繪畫卷；
為共產主義大廈，
加瓦添磚。
可是，
那些老吸血鬼，
在陰暗的角落裡，
卻用十倍的兇猛。
百倍的瘋狂，

拼命地施肥、澆灌 ──
於是,長出一棵棵"毒草",
那麼色彩妖豔。
這不正是一
老資產階級分子
生存、發展的保護傘?
這不正是一
新資產階級分子
滋生、蔓延的舒適搖籃?
一棵棵"毒草"呵,
把無產階級的陣地,
窮兇極惡地 ── 侵佔;
把社會主義的紅花,
咬牙切齒地 ── 摧殘;
老吸血鬼 ── 一心想復辟,
新吸血鬼 ── 一心要篡權。
他們 ──
裡應外合,
狼狽為奸。
一旦撬開,
無產階級專政的閘門,
那資本主義的洪水,
就會把紅色江山湮沒!
從而 ──
牆上掛著的鎖鏈,
就會重新套上我們的脖頸!
蘇修血腥的那一幕,
就會在我國重演!……

警惕呵！
昨天的奴隸 ──
那捧場的夜光酒杯，
雖只有半指淺：
可是一失足。
就會掉下
萬丈深淵……
那賄賂的禮品盒上。
纏著的綢帶柔軟、鮮豔，
可是一上當，
卻會變成牛鼻繩，
人聽鬼牽……
那近水的樓臺，
皎月雖好，
可是一受騙，
就會誤上
垂釣的"賊船"……
不是嗎 ──
鐵的鎖鏈 ── 激人憤恨。
金的項鏈 ── 惹人眼饞。
那個曾挨過老闆耳光的徒工，
在香風濃霧裡頭暈目眩，
望著商品交換的萬花筒，
掉進貨幣黃金的乾坤圈：
到處伸手，東撈西抓，
收集銅錢，串起項鏈，
套上脖子，還滿面笑顏……

呵！
── 剛砸了一節鏈環呵，
又鑽進了另一個圈圈……

不是嗎 ──
剛的鐐銬 ── 難鎖鐵骨，
柔的圈套 ── 令人酥軟。
那個曾經衝過槍林彈雨的戰士，
卻在凱歌聲中勒馬下鞍：
"功勞" 當做支票，
要向人民 "兌現" ：
過去，不怕拋灑熱血，
今日哪，卻吝嗇流汗；
那資產階級法權的絆馬索，
不正是 ── 新的鎖鏈！

不是嗎 ──
明的牢籠 ── 眾目睽睽，
暗的陷阱 ── 視而不見。
那個被地主逼死雙親的長工。
卻陷進小私有的泥潭：
一壟蔥，纏住了手腳，
巴掌山，擋住了雙眼。
人在金光大道上，
心卻在趙公元帥破廟前。
萬惡的淵藪 ── 私有觀念，
還鎖著未醒的心田！……

聽呵！
偉大領袖毛主席敲響了警鐘 ──
　"列寧爲什麼說對資產階級專政，
這個問題要搞清楚。"
　── 傳遍全國、響徹雲天！
要搞清楚 ──
千年的葛藤呵，
藤斬根還在；
要搞清楚 ──
萬年的禍水呵，
水枯泉未乾；
要搞清楚 ──
帝修反還包圍著我們，
整人地球還未掙脫鎖鏈！
資本主義呵，
它滲透在
一切領域；
伸延到
很長階段……
翻身的奴隸呵 ──
快高舉起鐵錘，
快集合在紅旗下，
把爐火熊熊點燃！

三

爐火呵 ──
燒紅雲天；

錘聲呵 ──
震撼河山。
無產階級專政的理論呵,
指引億萬革命大軍,
磅礴向前!
揮舞無產階級專政的鐵錘!
砸碎思想上的
　── 種種牢籠;
揮舞無產階級專政的鐵錘!
摧毀精神上的
　── 切鎖鏈……

看呵 ──
在那滴翠的井岡山麓,
在那火紅的太行峰巔,
多少老紅軍、老黨員,
白髮映朝暉,
銀鋤扛在肩,
軍裝褪色,
紅心永不變;
長征路上,
不歇鐵腳板……
什麼"到站、下車",
什麼"等級觀念",
都被汗水衝刷,
都被草鞋踩爛;
一股子勁呵,
一個信念,

赤誠的忠心呵，
為紅旗增光；
戰鬥的丰姿呵，
為江山增豔！

看呵 ——
在那喧騰的工地，
在那夜戰的車間，
多少工人、幹部、技術員，
心貼著心，
肩並著肩；
汗水繪宏圖，
群策譜新篇。
什麼“技術私有”，
什麼“雇傭觀點”，
都被烈火燒毀，
都被大錘砸扁；
那錘聲催高的巍巍巨塔，
不正是 ——
今日工人階級的寫照
—— 崛地擎天！

看啊 ——
在那雪花紛飛的邊疆，
在那風沙迷漫的高原，
多少朝氣蓬勃的青年，
指點江山放聲唱，
父輩戎裝春風染：

願做一塊 ——
縮小三大差別的鋪路石．
甘把青春 ——
寫成衝破舊觀念的詩篇；
什麼"學而優則仕"．
什麼"變相勞改"，
都被鐵鎬搗碎，
都被犁鏵埋掩。
立誓挖盡資本主義的老根，
播下共產主義的春天！

看啊！
在那彩色繽紛的霓虹燈下，
在那繁華喧鬧的馬路階沿，
多少好八連式的戰士，
亮著警惕的雙眼。
鑼鼓聲中，
耳朵更尖；
華燈影裡，
靜觀細辨，
什麼"香風毒霧"，
什麼"花花世界"，
都被鋒利的巨筆橫掃，
都被不鏽的刺刀挑穿！
那柏油路上閃光的草鞋印呵．
築起了拒腐蝕的道道防線……

啊，

鐵流 ── 滾滾，
紅旗 ── 漫天，
要進攻！
要迎戰！
學習運動的爐火呵，
映出滿天的霞暉，
那大批判的怒濤，
掀起萬丈狂瀾！

全國都在思索，
全國都在鑽研 ──
一把把利劍，
在追擊、深挖。
哪裡是 ── 根；
一支支隊伍，
在探索、尋找，
哪裡是 ── 源……
警鐘長鳴呵 ──
震盪祖國的每一寸土地；
明燈高照呵 ──
亮徹每一條戰壕的前沿：
洪波激蕩呵 ──
衝刷一切污泥濁水；
錘聲噹噹呵 ──
響遍一切河谷關山……

四

呵，鎖鏈 ——
階級壓迫的象徵，
鬥爭歷史的證見。
延續千年。
它啓示我們：
不粉碎
整個舊的上層建築，
便不能
挺直彎了千年的腰桿！
不進行
長期、頑強、拼命、殊死的戰爭，
便不能
全面、最後推毀資本主義的鎖鏈；
爲了獲得整個世界呵，
我們務必有 ——
電的眼力！
鋼的意志！
鐵的手腕！

我們下定決心，
去排除萬難 ——
反覆地較量！
反覆地搏鬥！
反覆地決戰！
我們肯花代價，
也肯花時間；

拼殺千百次，
鬥它幾萬年；
沿著毛主席的革命路線，
決戰在整個過渡時期的
—— 一切階段！

"這是最後的鬥爭，
團結起來，到明天……"
綑綁無產者的鎖鏈呵，
四海環環相扣，
五洲節節相連。
全世界無產者聯合起來！
相互幫助，
相互支援，
臂挽著臂，
肩並著肩。
熱血呵 ——
爲未來的事業而沸騰；
鐵錘呵 ——
爲最後的鬥爭而緊攥！
我們生命不止。
錘聲不息；
我們信心更足，
鬥志更堅。
鮮紅的太陽
一定要照亮全球；
英特納雄耐爾
一定要勝 —— 利 —— 實 —— 現！

（原載《朝霞》1975 年第 5 期）

放歌長征路

江 河

高唱紅軍歌，
緊擂進軍鼓；
戰士千里來野營，
紅旗一展迎風舞，
四十年風雨今又是呀，
錚錚鐵腳長征路。

老軍長當兵下連來，
朝氣煥發多威武。
還穿那雙紅軍鞋呀，
依舊一身戰士服。
嶙峋山道闊步邁呀，
腦海瀉出千里瀑……

常相憶 ──
餐風宿露，
崢嶸歲月，
血火征戰
紅旗鐵流二萬五……
曾記否？

婁山雄關真如鐵，
紅軍腳板似鋼鑄。
毛主席力挽狂瀾揮巨手，
遵義城頭驅迷霧；
撥正航船揚風帆，
一條紅線貫征途！
任金沙江畔
圍追截堵，
任鐵索橋頭
刀叢劍樹；
神兵天將紅軍來，
步履天險，
從容飛渡。
忘不了，臘子山口，
戰友血染山茶花；
忘不了，夾金山頭，
皚皚白雪埋忠骨；
忘不了呀，
茫茫草地泥濘路，
皮帶充饑
野菜填腹。
忘不了呀，忘不了：
紅旗舉過哈達鋪，
三軍開顏盡歡呼…
呵，肩民族千斤重負，
英勇跋涉；
歌歷史光輝壯曲，
前赴後繼。

多少戰友捐身軀，
多少英烈拋頭顱！
毛主席領導咱浴血鬥呀，
才贏得今日無產階級專政巨廈矗！

長征路呀英雄路，
鮮血染就熱汗鑄。
長征路上憶傳統，
老軍長
勾起萬千思緒 ——
說什麼革命有功，
理該享享清福，
說什麼到站下車，
應把安樂窩建築。
理論學習春風蕩，
法權觀念勇剷除；
當兵代職好傳統，
手捧馬列盡情讀。
戰士胸中躍紅日呀，
壯志長存，
熱情永駐！
要永遠保持長征的勁，
紅旗指引永向前
不到長城不甘休！

踏著軍長腳步行，
年輕的新團長，
豪情滿懷火一爐：

九年前，
團長曾踏這條路，
紅衛兵大旗手中拿，
繼承父輩革命志，
千里串聯展宏圖；
烏江岸邊，
口誅筆伐黑《修養》，
同仇敵愾批叛徒；
六盤山麓，
手捧紅纓憶紅軍，
圍坐篝火讀毛著。
呵，長征路連著長安街呀，
天安門前迎日出 ——
聆聽親切教誨，
沐浴陽光雨露。
胸中誓言
字字如火燃肺腑：
「跟定毛主席革命路線，
刀山火海也敢撲！」
呵，文化革命浪淘沙，
批林批孔焚賊櫓，
理論學習洪波湧，
風口浪頭鍛筋骨；
一回回風浪來洗禮，
幼芽春筍，
長成參天竹。
此刻行進大軍中，
新團長

心海澎湃浪起伏：
長征路呀革命路，
烈火煉就雷電鋪，
老一輩浴血打江山，
血凝鵑花開滿路；
今日後代接班來，
二萬里長卷描新圖；
限制資產階級法權，
做閃光的石子鋪征途；
抵制資產階級腐蝕，
續寫壯麗英雄譜。
艱苦奮鬥一輩輩人，
要把反修防修長城築；
繼續革命步不歪呀，
永保無產階級專政磐石固！

呵，兩代人並肩長征路，
腳步聲聲震山谷，
寶書貼胸照肝膽，
豪情激越衝天抒 ──
長征的火炬永不滅，
長征的步伐永不駐，
長征的傳統永相繼呀，
長征的紅旗飄千古！
看，
旭日噴薄。
霞光萬道。
老軍長

拭一把熱汗回頭看，
多少笑意，
多少欣慰，
凝雙眸；
新團長
緊一緊裝束再催步，
多少力量，
多少鼓舞，
源源不斷心中注。
抬望眼 ——
山重水闊雲路遙，
還有多少二萬五？
聽戰鼓裂天催征人，
軍號長鳴震耳鼓；
看紅旗如火奔朝陽，
鐵流滾滾誰敢阻！
兩代人同吟長征詩呀，
並肩挽手步靠步，
共奔毛主席指引的路。

（原載《青海文藝》1975 年第 6 期）

鑽塔上的青春（節選）

任 彥 芳

第一章 迎 接

大江早早開，大雁提前來，
可知道來到偉大的七十年代？
北國江邊，突然變得喧鬧。
春光催著江面奔跑的冰排……

飛轉的車輪，將長長的道路碾寬，
來往的船隻，把寬寬的江面擠窄。
翻卷的紅旗鼓著激跳的心，
年輕人性急地在江邊等待！

石油會戰戰場已經擺開，
江北，千軍萬馬正翻江倒海！
七十年代春天要在這片大地上
塗描最新最美的色彩！

當年從天安門廣場出發的小將，
今天背著行裝來到這個地方。
頃聽傳來震地的勘測炮響，

深深呼吸著石油的芳香！
鑼鼓喧天，紅旗飄揚……
這一批去油建隊，那一隊去採油廠，
人人都盼早一會兒趕到戰場，
這是去和帝修反打仗！

祖國的胸懷有多少石油寶藏？
年輕一代身上積著多大力量？
迎接戰鬥，火熱的心無法平靜，
江邊又響起嘹亮的歌唱！

打拍子的是位短髮姑娘，
她熱情豪放，英姿颯爽！
腰紮皮帶，身穿紅衛兵軍裝，
明亮的眼睛透著倔強。

紅衛兵長征的挎包斜背肩上，
上頭結著一個白瓷茶缸；
隨著她打拍子起伏的節奏，
茶缸在挎包上激動得直晃。

唱一支《工人階級硬骨頭》，
頌一曲《大慶的道路寬又廣》……
突然，她擺動的手臂停下，
大家跟著她的眼睛向前望──

老羊皮襖披著萬里風霜，
師傅含笑來到青年人身旁。

　　"歡迎趙師傅繼續講大慶會戰！"
姑娘的話，引起熱烈地鼓掌。

趙師傅樂呵呵地坐到中間：
　"郭英！剛才講到什麼地方？"
打拍子的姑娘立即回答：
　"講當初沒來吊車人拉肩桿……

　"講了你們怎樣打出第一口井，
頂住了國內外敵人的妖風惡浪！"
趙師傅興奮地看著這位小將：
　"呵！你把這些都已記在心上！"

那當年大慶荒原燃燒的篝火，
照紅了郭英激動的臉龐；
那人拉肩杠高亢的號子聲，
正在年輕一代的心頭迴響！

　"……六十年代的大慶會戰，
把貧油國的帽子扔進了太平洋；
今天，咱要開發這七十年代油田，
重擔可落到你們一代肩上！"

年輕人紛紛向老師傅表示：
　"堅決去迎接新的風浪……"
郭英含笑望著趙師傅：
　"師傅！我的要求您可別忘！"

“要拿起管鉗，向地層宣戰，
郭英！你這個想法很大膽！”
“那請您轉達鑽探指揮部領導。”
“好，我向吳大隊長談談……”

趙師傅的目光轉向江面，
對岸又駛來一條大船；
一面紅旗抖著春風，
閃出兩個金字：“鑽探”！

船靠岸，跳下來迎接的青年，
高呼：“歡迎會戰的新夥伴！”
圍著那位老師傅叫“書記”，
新來的夥伴瞪大了兩眼。

趙書記招呼吳大隊長，
交給他分到鑽探戰區的名單。
回頭喚郭英：“讓大家集合，
到鑽探去的準備上船。”

年輕人齊刷刷排成一行，
吳大隊長把姑娘們掃看一眼，
走到趙書記身邊低聲說：
“鑽探戰區女同志已經超員……”

吳大隊長奔到佇列面前：
“熱烈歡迎你們來參加會戰！”
他招呼一聲：“上船！”

木船上笑臉如花立刻擠滿。

大江滾滾的流水呵，
把郭英的心帶到很遠很遠，
她想起天安門前的金水河，
想起紅衛兵長征奔向延河邊……

冰塊嘩嘩碰擊著船舷，
突然，船隻在江心沙灘擱淺，
劃槳撐篙，急得滿頭大汗，
大船還是不想動彈。

郭英把褲腿往上一挽，
"咚"一聲跳到江水裡邊；
吳大隊長吃了一驚 ──
碰擊的冰塊在郭英身邊旋轉。

"撲通通"跟著跳下一幫青年，
笑聲和水花一齊飛濺！
推呀！大船離開擱淺的沙灘，
慢慢地駛向了沸騰的對岸！

鑼鼓喧天，紅旗飄揚，
吳大隊長望著這推船的姑娘：
"你這丫頭，真是……革命小將！"
姑娘笑了："是不是說有點莽撞？"

老吳把大衣披在郭英身上：

"風不著凌，可還透骨涼！"
他告訴司機：囑咐伙房，
快給小將們燒驅寒的薑湯……

石油大會戰的戰鼓已經敲響，
江北戰區處處是一片繁忙！
穿梭的汽車上都貼滿誓言：
"革命加拼命，打好會戰第一仗！"

汽車喇叭在塵煙裡嗚叫，
拉的鑽機鑽桿，像一門門大炮；
堆起的水泥袋有小山高，
縱橫的輸油管溝好似交通壕。

爭速度！搶時間！奪分秒！
這裡呀，一切都在疾飛迅跑！
車輪滾滾，熱氣騰騰，汗水滔滔，
到處都洶湧著躍進春潮！

抽油機頻頻點頭致敬：
新來的夥伴，你們好！
採油樹急急在把手招：
年輕人！快去戰鬥的崗位報到！

一幢幢新釘的木板房前，
剛栽下一排排小白楊，
請在這北國荒原深深紮根吧！
工農結合的新礦區將出現在你身旁。

冒著熱氣，背著行裝，
一批批青年來到戰場；
鑽探戰區的木板房裡，
住上了一群新來的姑娘。

報一報姓名，說說來自何方？
這油田是她們新的家鄉。
她們從五湖四海匯到一起，
口音裡分辨出在哪兒生長：
東北話帶著長白山的粗獷，
上海話飛著黃浦江的激浪，
天津話裡有海河的水音，
北京話清亮如天安門前的燈光……

誰說這木板房不廣不寬？
它包容著祖國的萬水千山；
在這裡結識下新的夥伴，
姑娘們在熱烈地交談。

一個姑娘頭紮兩個羊角小辮，
咬著筆桿，正考慮填寫志願：
“喂！大隊發下這個表格，
你們都準備昨填？”

這時，她的男同學小潘來了，
穿一身新工裝分外照眼；
“小玲！我告訴你個最新發現：

剛調來的老湯，有不少抒情唱片……

"穿上工人裝，咱就是工人階級一員，
走！老湯叫我們去慶賀一番。
今後，就得叫咱工人師傅啦，
知識青年哪，要叫咱管管！"
他得意的神態引起哄笑，
姑娘們笑談中含有批判：
"呵！你不想接受再教育啦，
這思想苗頭可真危險！"

小玲放下筆桿，把他推到一邊：
"去！去！別來這兒搗亂！"
她知道小潘在學校的表現，
這姑娘對他有些厭煩。

"老同學，你還沒想好志願？
這可是很重要的一環。
老湯說："最理想的工作有兩種：
不拿聽診器，就把方向盤。"

"咱是老同學，說話不拐彎，
鑽探這種活，你們沒法幹！"
一句話把姑娘們惹翻：
"你這是散佈啥觀點？！"

一個虎實實的姑娘，
正在床頭張貼畫像，

一張是挺胸屹立的劉胡蘭，
一張是撲向碉堡的黃繼光。

這姑娘有個神氣的名字：過江。
她跳下床來，伸過一個手掌，
叫陣和小潘扳腕子：
　"來！敢不敢和我們較量？"

"文化大革命橫掃四舊，
你還留著輕視婦女的思想！"
姑娘們的笑聲轟走了小潘，
郭英像一陣風跨進了板房。

她剛剛放下行李，
沒想到發生一場巧遇 ──
小玲過來指著她：
　"嘿！別報名，我認識你！"

郭英把她仔細地打量：
聽口音，這是個南方姑娘，
挎包上有個同樣的白瓷茶缸，
同樣的紅字："延安精神永放光芒"。

兩個姑娘高興地擁抱，
同時叫出對方的姓名：
　"你是北京女中的郭英！"
　"你的眼真尖哪，小玲！"

小玲說：“我多麼高興呵，
在這裡遇到你，我的老兄！
記得六六年紅衛兵長征，
我們相遇在延安的窯洞……”

郭英說：“我們撫摸過王家坪的石凳，
一同踏上南泥灣的田壟；
老英雄拿著當年墾荒的鋤頭，
把艱苦奮鬥的種子撒在我們心中。”
小玲說：“說起紅衛兵長征串連呵，
至今我還深深地懷念；
我們都用這延安的茶缸，
把延河的朝霞盛在裡邊……”

碰到文化大革命結識的夥伴，
最願意把心裡的話傾談；
戰友相見後第一句問候：
是否入黨？是否入團？

“哎呀！郭英姐！你真不簡單，
你完全實現了長征路上的誓言；
在這新生活開始的時候，
我可要好好聽聽你的意見。”

“郭英姐！聽鑽探吳大隊長說，
領導要重新考慮我們的志願；
作業站合適，女同志名額已滿，
鑽探隊缺人，可咱又沒法幹……”

姑娘們圍在郭英身邊，
吵吵嚷嚷，都對大隊長不滿：
"油田黨委把我們分到這兒，
爲什麼還要往別處動員？"
過江說："郭英！你來得是關鍵，
快亮亮自己的觀點！——
如果你決心在這兒鑽井，
咱們去找大隊長爭辯！"

郭英說："我還沒有實踐，
要辯論，可沒取得發言權。"
姑娘們一齊把郭英詢問：
"那你的意見咋辦？"

郭英閃亮的眼睛看著夥伴，
知道姑娘們此刻的情感；
她說："咱們還是去井場，
聽聽老師傅們的意見！"

過江揚起手臂喊聲："走！"
小玲說："要走可得半天……"
"當年，咱長征串連，萬水千山！"
郭英的話把小玲的情緒點燃。

呼拉拉，擁出了一群姑娘，
興沖沖，奔向遼闊的草原；
道旁，一個虛胖的中年人瞥見郭英，

打個寒戰，往下拉一拉帽沿：

"冤家路窄！你也來到油田，
哼！看你們在荒原怎樣造反！"
眼看姑娘們說笑著奔來，
他慌忙轉身，溜到一邊。

他沒想到身邊站著小潘：
"老湯！你和誰相識又怕見面？"
湯禮興支吾："咱和她們有啥相干？
走吧！到我那裡玩玩……"

姑娘們說說笑笑向草原去了。
當她們興致勃勃奔向目標 ——
還沒有注意到在自己身邊，
有甲蟲在爬、虼蚤在跳……

第二章　請　戰

雄鷹在遼闊的空中飛旋，
這裡和大慶一樣天高地寬；
郭英同她的新夥伴們
像戰士出征，開赴火線！

邁開大步走呵，一路話不斷，
火辣辣的聲音撒向草原；
說完向走資派奪權的"一月風暴"。
又講起珍寶島反侵略的硝煙……

講到怎樣來參加石油會戰，
都有一個共同的體驗：
走不走與工農相結合的道路，
是對革命、不革命的檢驗！
一個姑娘講當初下鄉上山，
把剛到農村的故事作爲笑談：
那時五穀不分，草苗不辨，
不會吆喝牲口，喊"走"喊"站"

她說："要不是老貧農再三動員，
我還不會來這兒參加會戰！
幹革命就要搶挑重擔，
看到這兒艱苦，心才舒坦！"

當地姑娘以主人的口吻，
驕傲地介紹這裡的特點：
"咱這裡一年就刮兩場風呀，
可一場風就要刮整整半年。"

一個姑娘說："這太美啦！
咱正好在風雨裡經受鍛煉！"
另一個姑娘說："到時候看，
可別叫大風沙迷了兩眼！"

"這裡呀，沒雨咱走的是揚灰道，
下了雨，就變成了水泥路面。"
過江高興地拍拍小玲的肩：

“到時候要摔跤大家來攙！”

郭英和夥伴們有相似的經歷，
她更喜歡聽夥伴們交談；
就像在她那胸中的爐火裡，
又加進一鍬鍬燃燒的煤炭。

固井車從身邊駛向井場，
那大喇叭漏斗連著管線，
多像文化大革命中的廣播車，
呼喊著，滾過戰鬥的塵煙⋯⋯

井場上正在甩單根、卸鑽桿，
好一個震人心弦的宏傳場面：
頂天立地，鳴響鋼鐵旋律，
鑽桿排排，齊奏笙簫管弦！

郭英感到這兒熱氣撲臉，
她激動地湊到一個老師傅身邊：
“師傅，我們想問一問，
哪是鑽井用的管鉗？”

老周師傅看看這樸實的姑娘，
褲腳上還沾著泥漿點點；
他笑呵呵地走到工具房，
搬出了管鉗、鏈鉗、彈簧鉗。

這就是鑽井用的管鉗呵，

郭英在心頭描過多少遍？
她第一次背著書包上學，
爸爸曾向她憶苦思甜：

"舊社會咱手裡沒有槍桿，
和壞蛋拼命我用過管鉗！"
小郭英瞪大眼向爸爸詢問：
"它像不像手槍能射出子彈？"

小郭英上了初中，
爸爸興奮地拿來一張畫片：
"看石油工人為祖國爭了氣！"
小郭英注視著畫片上的管鉗！

今天，郭英拿起一把最大的管鉗，
把它的分量掂了又掂；
就像在民兵訓練的靶場，
第一次把自動步槍端在胸前！

小玲仰望鑽塔上的井架工：
"哎呀！他這工作可真浪漫！"
老周師傅過來："姑娘請後站，
在那兒參觀有點不安全。"

小玲扭身找郭英、過江，
她們正跟著師傅搬那卸下的鑽桿；
姑娘們和著工人的號令："一 —— 二！"
鋼管清脆的聲音，叫人心甜！

周師傅問：“你們是新來的？”
郭英笑笑，帶著幾分靦腆：
“師傅！我們也想為祖國鑽井，
能不能編到你們這班？”

“這姑娘真捨得出汗！”
周師傅心裡對郭英稱讚：
“我還沒聽說有女石油鑽工，
不過，不挑千斤擔，哪能有鐵肩！”

“您看我們能行？”
“有決心就能排除萬難！”
郭英和夥伴們興奮地搬起鑽桿，
不喊一、二，喊著：“請 ── 戰、請
── 戰！”

搬完鑽桿，姑娘們擦著熱汗，
鐵扒犁上，圍坐一圈；
郭英說：“這裡是油田最前線，
油井就是射向帝修反的炮彈！

“同志們！我建議向領導請戰，
挑起鑽井這個重擔！”
過江用拳頭砸一下鋼管：
“上！咱們一定要上鑽探！”

姑娘們爭先發言，

都願到最艱苦的地方鍛煉；
小玲說："咱們要真當上女鑽工，
不是'絕後'吧，可也是'空前'！"

過江說："咱們是毛主席的紅衛兵，
就是要敢想、敢說、敢幹！
我們經歷的無產階級文化大革命，
小玲，不說'絕後'吧，不也是'空
前'？！"

推選小玲起草請戰書，
大家出題目："越是艱險越向前！"
聽到姑娘們高過鑽塔的誓言，
師傅們歡喜地來到她們中間……

周師傅說："你們有革命志氣，
我們老工人，打心裡喜歡；
這是從未有過的新事物，
要把困難想在前面！

"新事物出現總伴著一場大喊大叫，
咱們要為這事鳴鑼開道！──
郭英！我去給你們找毛筆，
把請戰書寫成大字報！"

第三章 爭 論

姑娘們的請戰書帶著墨香，
張貼在臨時搭起的席棚上。
這消息好像長出了翅膀，
在油田的各個戰區飛翔。

請戰書前，人來人往，
這是文化大革命中的新事一樁；
姑娘們要當石油鑽工，
師傅們表示：支持她們去闖。

吳大隊長站在人群中間，
湯禮興故意湊到他身旁；
望著大隊長嚴肅的表情，
小聲問："你看寫得怎樣？"

吳大隊長一聲不響，
思索著這張大字報的分量；
湯禮興在耳邊嘟嚷了一句：
"鬧出亂子誰把責任承當？"

趙書記輕輕拍了拍老吳的肩，
吳大隊長擠出人群外面。
老趙問："剛才和你說話的是誰？"
老吳說："你外出期間調來的材料員。"

趙書記看了湯禮興一眼，
然後望著老吳沉思的臉：
"小將們要求劈路闖關，
咱們先交換一下意見。"
老吳笑笑，卻不吭聲，
好像這件事根本不可能。
"老吳！說說你的想法呀！"
老吳說："年輕人倒很有熱情！"

老趙說："要鼓勵她們的革命熱情，
更要支持她們的革命行動！
咱們乾脆成立個女子鑽井隊，
培養我們第一代女石油鑽工！"

聽趙書記的口氣那麼堅定，
吳大隊長心裡又急又驚：。
"不是我輕視'半邊天'的作用，
咱總要考慮鑽井工人的特殊性！

"你是老司鑽，知道得最清：
這野外作業女孩子怎能適應？
颳風一身土，下雨一身泥，
暑天一身汗，冬天一身冰！

"鑽井是鐵碰鐵、硬碰硬，
可不能看她們一時熱情；
那大吊卡足足二百斤重，
你說她們怎能掄得動？

“第一步就要爬鑽塔呀，
不能爬鑽塔，怎能當鑽工？
爬鑽塔可不是她們上樓梯，
那是去幹活，不是去觀景！……”

“老吳啊！你說的這些理由，
就是不能成立女子鑽井隊的原因？”
老趙一步步向老吳提問，
像打探井要取出岩芯。……

……迎著解放初建設的煙塵，
老吳從專科學校來到火熱的玉門；
老吳是技術員，老趙當司鑽，
鑽機上印下共同作戰的手紋！

他們一同轉戰東西南北，
老趙是老吳的入黨介紹人；
生活是在矛盾鬥爭中前進，
友誼也常常在爭論中加深。

“老趙！成立女石油鑽井隊，
在世界鑽探史上沒先例可尋！
何必讓她們去冒這個險，
咱們要對年輕人負責任！”

“不要忘了無產階級文化大革命，
怎樣鍛煉了這一代年輕人！

我們要跟上時代更勇敢地前進，
老吳呵，可不要消極地總結教訓！"

老趙深知眼前的這場辯論，
一時難以使老吳轉過腦筋，
還是讓他感受一下青春的活力吧：
"走！咱們去聽聽小將的聲音！"

他倆來到姑娘們住的小房，
推開門，屋裡空空蕩蕩，
姑娘們都到哪兒去了？
床頭還有沒打開的行裝。

傍晚的天氣透著陰涼，
冷風拍打小屋的門窗。
趙書記挖來幾鏟烤火油，
把小屋的爐火點旺……

跳躍的火苗像紅綢飄動，
把床頭的紅衛兵挎包映紅；
絨線繡著紅星、紅字：
"跟著毛主席，永遠幹革命！"

紅絨字化成紅彤彤的面孔，
閃出了一雙雙小將的眼睛；
時代賦予新一代更重的使命呵，
要怎樣對她們負責一生？

“多麼可愛的新一代呵！”
老趙的心情格外激動：
“老吳，我想說說成立女鑽井隊
這個想法是怎樣產生⋯⋯

“這次，我去接咱們徒工，
見到了多少當年的紅衛兵，
他們在農村廣闊的天地，
變成了展翅飛翔的雄鷹。

“我到了一個鐵姑娘打井隊，
老貧農介紹一個青年郭英；
她在階級鬥爭中是闖將，
在生產鬥爭中處處打衝鋒。

“聽說咱們搞石油大會戰，
老貧農風格高把鐵姑娘輸送；
她能打出水井澆大寨田，
就讓她到油田打出大慶井。

“你去問一問她的成長過程，
她首先要講文化大革命；
你去問一問她的理想，
她回答：中華兒女多奇志，
無限風光在險峰！

“你說：鑽探工作可艱苦哇，
她說：工作就是鬥爭！
你稱讚她的成績吧，

她說：紅衛兵前進不停步，
要爲革命立新功。

"張思德、白求恩、老愚公，
是她對照自己的明鏡；
雷鋒、王傑、金訓華……
是她立志學習的英雄。

"老吳呵！我們就是在做
前人從未做過的事情。
黨把她們輸送到油田，
咱要支持她們劈浪斬風！……"
老吳的脖子漲得通紅：
"算了老趙，我不和你多爭！
我看還是讓她們冷靜冷靜，
搞鑽井不能靠大轟大嗡！

"你也許認爲我保守、右傾，
那就讓今後的事實證明；
現在當務之急是多多鑽井，
亂哄哄，進尺任務可怎麼完成？"

"大隊長！什麼任務不好完成？
我們隊今天可提前完井！"
周師傅興沖沖找到這裡，
要彙報今天井場的情景：

"今天，我們的任務正緊，

去了一群女志願兵！
搬鑽桿不怕千斤重，
一個個虎躍龍騰！

「她們決心當石油鑽工，
我說：大隊一定會答應！
小將們參加了一天戰鬥，
我們是越看越高興！」

小木板房裡變得很靜、很靜，
爐膛的油火燒得正紅。
周師傅看看趙書記的眼睛，
明白了這裡邊還有鬥爭。

趙書記問：「姑娘們咋沒回來？」
老周說：「她們要學拉貓頭繩。」
老吳說：「貓頭是吃人的老虎，
這危險地方怎能讓她們亂捅？

「你叫她們回來休息，
就說這是大隊的命令！」
老周臨走又一次向領導鼓動：
「我們可喜歡收這樣的徒工！」

狂風撲打著木板小房，
天邊滾來烏雲團團；
一場暴雨就要來臨，
呵！鑽井用的水泥該運到江邊。

兩人並肩跨出木板房，
去江邊，組織搶運戰。
他們急促地趕到碼頭，
風摔雨、雨擰風，江面茫茫一片！

風雨裡，一支支隊伍趕到現場，
奔跑的腳步，人影搖晃。
一場緊張的戰鬥開始了！
汗水、雨點一同甩進大江！

快卸！快裝！人搬！肩扛！，
這是誰呀？沒穿雨衣工裝？
老吳把一百斤重的水泥袋搬起，
一下子就放上那堅實的肩膀！

汗水伴著雨水流呀，
這"小夥子"跑了一趟又一趟；
"小夥子！小心滑倒哇！"
老吳的囑咐裡含著讚揚。

"沒關係呀！滑不倒！"
她肩扛水泥，不搖不晃；
聽到回答，老吳一愣：
"怎麼？不是小夥，是個姑娘？！"

老吳從船上搬起一袋水泥，
卻不敢再放上她的肩膀；

郭英一把從老吳的手上搶過來：
"時代不同了，男女都一樣。"

"時代不同了，男女都一樣。"
彷彿是一聲春雷，一道閃光！
他這才看到一行行隊伍裡，
有不少哇，都是女兵女將！

老吳見到指揮搬運的老趙，
他張開嘴，好像有什麼話講。
船上的水泥卸完了，
姑娘們齊刷刷排成一行。

郭英像一個英武的戰士，
一雙眼睛在風雨裡閃亮：
"大隊長！我們的請戰書你看了吧？
哪一天讓我們上井場？"

老吳含糊地回答：
"油田各項工作都一樣。"
郭英堅定地說："我們要參加鑽井戰
鬥！"
身邊的大江掀起拍天激浪……

第四章 重 擔

東風把滿江的船帆鼓起，
春雨將廣闊的原野灑綠。

白楊樹下，郭英學習毛主席著作，
正專心地寫心得筆記：

越是困難的地方越是要去，
在戰勝困難中贏得勝利！
迎著困難，披荊斬棘……
徹底的唯物主義者無所畏懼！

"郭英姐！你真沉得住氣！"
小玲跑來了，氣喘吁吁：
"快看看我們貼的請戰書吧！"
她好像受到天大的委屈。

到底出了什麼問題，
郭英向貼請戰書的席棚奔去，
這兒老工人正生氣地議論：
"要聽這螻蛄叫還能種地？！"

原來是在請戰大字報上，
出現了匿名寫的"小批"：
說請戰是極"左"的產物，
質問她們出於什麼動機！

說這樣要把油田搞亂，
是地地道道的風頭主義！
"現在不是文化大革命初期了，
奉勸改改那造反派的脾氣！"

郭英站在大字報前，
聯想到最近出來的蜚語流言：
說什麼要是兔子能拉車，
誰還要騾子、馬駕轅？

在文化大革命中批判過的東西。
為什麼又喬裝打扮出現？
把革命的新事物說成極"左"，
是他的心跑到了右邊！

郭英把匿名"小批"再看一眼，
心想：多好的反面教員！
我們的鑽頭是戳向敵人的槍尖，
一場尖銳的鬥爭，不可避免！
過江來到大字報跟前，
把匿名"小批"看了一遍：
"在我們革命的請戰書上。
不能容忍這污蔑的語言！"

她拿筆要把這"小批"劃去。
郭英搶過鋼筆，說聲："慢！
應該讓它見見陽光，
你劃掉，群眾怎能看見？

"讓這些流言蜚語都出籠吧，
這正是對我們的考驗！
我的意見：咱們對準劉少奇這個靶子，
聯繫實際，開展革命大批判。

"小玲！你不是聽有人說過：
'婦女鑽井，不噴就坍'？！"
大家氣憤地插言：
"這是劉少奇'婦女無用'論的翻版！"

郭英找來寫請戰書的夥伴，
研究開展革命大批判的方案。
過江說："上！說幹就幹！
我去找木板，釘個大批判欄！"

小玲內心有些顧慮：
"郭英！大批判是不是晚些天？"
過江心急，馬上反駁：
"不能容忍錯誤思想氾濫！"

小玲不滿地看過江一眼，
郭英鼓勵她把話說完。
"郭英姐！我聽說大隊長不同意咱們鑽
井，
萬一批不准，那該怎麼辦？"

郭英思索著小玲的話，
面前的鬥爭並不簡單。
她說："咱們回去寫大字報，
然後，我去黨委反映意見！"

……夜晚，在那請戰書的一旁，

開闢了一個大批判戰場：
姑娘們打著手電筒，
把一張張大字報貼上⋯⋯

此刻，指揮部的板房燈光閃閃，
彷彿是風浪中遠航的戰船；
黨委會正開得熱烈、緊張，
吳大隊長在激動地發言：

"⋯⋯大家都同意建立女鑽井隊，
我服從多數，保留個人意見。
不過，群雁高飛看頭雁，
女鑽井隊隊長怎麼挑選？

"現在的青年人很難管，
女孩子湊一塊就更麻煩；
這是鑽井隊，不是歌舞團，
弄不好就會有生命危險！

"當隊長，先要當過幾年司鑽，
我這裡有全部司鑽的名單，
他們全是大隊的骨幹，
抽調哪個人都有困難！⋯⋯"

一個委員把老吳的話打斷：
"知道！那都是你的心尖，
為什麼選一個女鑽井隊隊長，
你偏要從男的裡面挑選？"

老吳嘿嘿一笑，又接著談：
"可女同志裡哪有司鑽？"
"那個領頭請戰的郭英，
爲什麼不可以培養鍛煉？"

老吳聽到這兒立即接上：
"所以，要先讓她鍛煉三年五年！"
老吳說完如釋重負，
不慌不忙點著一枝香煙。

趙書記環視一下大家：
"同志們可以想想我們的明天！
革命事業需要大踏步前進，
嚴重的任務擺在咱們面前。

"三五年後，需要幾百名隊長、司鑽，
革命，需要千百萬青年接班！
形勢逼我們打破常規走路，
革命小將已經向我們挑戰！

"老吳！你說的條件需要，
有師傅帶班，她們會取得經驗；
重要的是要看路線鬥爭覺悟，
在井場要看清風雲變幻……"

一陣醞釀，大多數同意郭英當隊長，
想起湯禮興的話，老吳一顫，

他欠起身來，抹滅香煙：
"還是去聽聽群眾意見！……

"鑽井隊長這麼重的擔子，
郭英本人也未必敢承擔！
今年我們鑽探的任務很重，
完不成任務怎麼辦？"

會議還在激烈地進行，
突然傳進篤篤的敲門聲。
大家的目光轉向門口，
進來的，正是人們議論的郭英。

郭英目光炯炯，帶著渾身朝氣，
趙書記遞給她一把木椅：
"小郭，你有什麼事呀？"
郭英爽朗地回答："就來找你！"

"我們的請戰多少天啦，
到現在還沒聽到消息；
同志們讓我來促促黨委，
幹革命，就要只爭朝夕！"

"噢！你們為什麼這樣心急？"
"面對帝修反，怎能不急！"
"你們的請戰黨委批准了！"
郭英激動地拍手跳起！

這是信任、是鞭策、是鼓勵，
黨啊，您最瞭解自己的兒女！
趙書記打個手勢讓她坐下，
又問她今年多大年紀。

郭英答："和新中國同年，
再過幾個月，周歲二十一。"
"噢"，鐵梅說：'年齡十七不算小'，
你應該把更重的擔子挑起！"

郭英明亮的眼睛閃光：
"黨讓挑千斤擔，絕不猶豫！"
"文化大革命你當過頭頭？"
郭英笑笑："那是革命需要，形勢所
逼！"

"好哇！革命需要，形勢所逼！"
趙書記看看大家，重複了一句；
"我們想讓你當鑽井隊長，"
郭英乾脆地："這可是新課題！

"我什麼都不懂，什麼都不熟悉，
迫切需要向師傅們學習。"
"黨委派周師傅具體幫助，"
"有黨，有師傅，我們就有底！"

這像錘聲一樣響噹噹的語言，
砸得老吳心頭火星直濺；

對這天不怕地不怕的姑娘，
他要負責，不能袖手旁觀！

"郭英！你知道一個鑽井隊長，
應該具備什麼條件？
要負責人身、井身、機器的安全，
不要把這事看得太簡單！"

郭英注視著老吳，把頭點點：
"這都是對我新的考驗！
我感到更重要更困難的，
是怎樣帶井隊把好路線關。"

"女子鑽井，鑽探史上可沒有過，"
"沒有的歷史，咱們去填！"
"要過河，得量量水深水淺，"
"大風大浪，我們最喜歡！"

"郭英！說說豪言壯語這很容易，
搞鑽井不能憑造反派脾氣，
群眾說這是鬧風頭主義，
這些意見你應該考慮！"

趙書記嚴肅地叫聲："老吳！
對這些言論我們要做分析！"
郭英鎮定地掏出彙報摘記：
"我們還聽到不少流言蜚語。

　　"大隊長剛提的那些觀點，
　　我們正進行革命大批判；
　　今晚貼出了第一批大字報，
　　請吳大隊長有空去看看。

　　"老師傅的話我記在心間：
　　不挑千斤擔，哪能有鐵肩？
　　大隊長，女子鑽井是新事物，
　　希望您對我們多加指點！

　　"我們就是想爲祖國鑽井，
　　爲什麼就有人要吹冷風？
　　冷風讓我們的頭腦更清醒：
　　女子鑽井本身就是場革命！

　　"要革命就一定會有阻力，
　　有阻力，鬥爭才有意義！……"
　　趙書記稱讚地點頭：'
　　"是海燕呵就要衝向暴風雨！

　　"階級鬥爭長期存在，
　　還有幾千年留下的習慣勢力，
　　孔老二的骨頭早腐爛成泥。
　　可他的反動思想還散發臭氣。

　　"總有一些人看不起婦女，
　　要一下轉彎也不容易：
　　對待頭腦裡的舊東西。

我們不能用大炮飛機。
“黨要對他們加強教育，
最好的辦法是你們做出成績！”
郭英望著趙書記點點頭，
把這些囑咐在心頭牢記。

她站起身來緊握趙書記的手：
“我們一定為毛主席爭氣！”
老趙說：“你有什麼事向老吳提。”
老吳說：“好！我執行黨委決議。”
郭英走出會議室，極目遠看，
整個油田燈火一片。
她要快回到木板小房，
把黨委決議告訴等待的夥伴！

趙書記看著這年輕的姑娘，
肩頭上擱下了千斤重擔：
“郭英，回頭我帶你們練兵，
鑽塔是你們要攀登的起點！“

東方發白，晨光把燈光替換，
第一道紅霞披上郭英的雙肩：
她迎著春風，大步向前，
曠野裡傳來樣板戲的唱段——

“共產黨員時刻聽從黨召喚，
專揀重擔挑在肩。
一心要砸碎千年鐵鎖鏈，

為人民開出那萬代幸福泉。……"

第五章　高高的鑽塔

巍巍的鑽塔呵，你有多高？
朵朵白雲在你胸前繚繞；
你可看到：有一隊女石油工人。
打著紅旗，踏上通向你的大道！

北國荒原，鹽鹼灘抖著枯草，
千秋萬代，只有狂風呼號：
今天，看她們打著紅旗來了。
江山才變得如此多嬌！

紅旗如火，把荒草映照，
鑽機隆隆，把戰鼓猛敲。
白花花城灘，原是這樣俊俏，
祖國每寸土地，都貯藏著珍寶！

郭英手舉紅旗，胸脯高挺。
姑娘們頭戴鋁盔，大步騰騰，
好像是在天安門前接受檢閱呵。
眼前，一輪紅日正冉冉東升。

她們要把舉起的紅旗，
插到巍巍的鑽塔頂，
讓它去告訴祖國人民，
我們第一個女鑽井隊誕生！

望著鑽塔又想起了寶塔呵。
想起了文化大革命的串連、長征，
她們打著紅衛兵戰旗奔向延安，
重溫中國革命走過的路程……

今天，她們走的是一條新路，
帶領她們的是老一代工人師傅；
這腳印連著紅軍長征的雪山草地，
第一次走呵，卻又那麼熟。

在祖國熱烘烘的胸脯上我們成長，
在鬥爭的風雨裡我們開始了人生！
是我們的黨領我們前進，
一步一個囑咐，一步一句叮嚀……
巍巍的鑽塔呵，你有多高？
看我們女子鑽井隊來到了！
她們就要用你身邊的白雲．
寫下張張戰鬥的喜報！

幾十名鑽井隊的女戰士。
鋁盔閃銀光，英姿颯爽！
趙書記站在鑽塔前，
把鑽井隊的戰旗擎在手上：

“同志們！井場就是戰場。
鑽塔是石油工人的哨崗！
要在鑽塔上穿大繩，起下鑽……

不能爬上鑽塔，就不能打仗！

"你們是經過文化大革命錘煉的青年，
會牢記毛主席的殷切期望。"
郭英呵領著朗誦毛主席的教導，
她好像又回到了天安門廣場：

"你們青年人朝氣蓬勃，
正在興旺時期，
好像早晨八、九點鐘的太陽。
希望寄託在你們身上。"

"……希望寄託在你們身上。"
好像是當年天安門廣場的聲浪，
飛上了祖國的萬里藍天，
又在這曠野裡久久回蕩！

敬愛的毛主席呀！
您放心吧！
您檢閱過的那些紅衛兵小將，
幾年呵，已經飛快地成長！
今天，又勇敢地邁開大步，
迎著朝陽，在一步步向上！

上！趙書記在前面做出了榜樣，
上！姑娘們性急地摩拳擦掌。
看趙書記飛快地攀到天車頂，
一朵紅雲做了他的衣裳。

趙書記下來把紅旗交給郭英，
紅旗呀緊緊地貼著她的心房！
她整整嶄新的石油工裝，
兩手抓住了鑽塔的鋼樑。

向上！向上！向上！
下面有老師傅矚望的目光：
向上！向上！向上！
戰友們在熱烈地鼓掌。

"……希望寄託在你們身上。"
領袖的期望響在耳旁；
向上！咱要為毛主席爭氣！
向上！為偉大的祖國爭光！

十米，二十米，三十米……
郭英呵，還在向上！向上！
紅旗聽著她激烈的心跳。
青春的熱血滾滾激蕩！

下面有人喊："可不低了！"
郭英警告自己："不要向下看！"
這是老師傅登鑽塔的囑咐，
看下面就會頭暈目眩。

郭英牢牢記著這囑咐，
革命人生的路剛剛開端，

我們要永遠往高處攀登，
腳下每一步都是新的起點。

她望望胸前的紅旗，
革命理想引導她向上：
她抱著鋼筋，向遠方眺望。
好像看到了集體戶的村莊……

她望到村裡的大伯大娘，
正向她投來期望的目光：
"好姑娘，你往高處攀登吧！
記住，是黨給你安上翅膀……"

往上攀登呵，她望到了
那光芒萬丈的天安門廣場；
望到了那高大的英雄紀念碑，
像風帆，推著祖國乘風破浪。

在廣場的方磚上，她學走第一步。
上的第一個高度是到紀念碑旁，
那深印在孩子心裡的英雄浮雕，
今天，又給了郭英向上的力量！

向上攀登呵，向上！
高空的風，呼呼地響，
它挾來千古荒原的塵沙，
撲打著郭英汗洗的臉龐·

風呵，拼命地吹吧！
我們的郭英正好擦汗乘涼！
只有把青春獻給祖國，
才能把鬥爭幸福飽嘗。

郭英呵，終於爬到天車頂，
看，女子鑽井隊的紅旗正拍打藍天！
望大慶呵，就在我們身邊，
跟上來了，鐵人的新夥伴！

站在高高的鑽塔上面，
登上我們時代的一座高山：
在這裡，你胸懷整個天地·
會看到地球怎樣旋轉。

有志氣的年輕人哪，
請來攀登我們的石油鑽塔；
這是革命現實和革命理想，
熔鑄成的鋼筋鐵架！

我們革命的新一代呵·
請來攀登我們的石油鑽塔！
它讓你明白什麼是真正的青春，
告訴你怎樣度過錦繡年華！

看我們女鑽井隊的紅旗呵，
正在藍天下熱情召喚：
這是和帝修反作戰呵，

姑娘們拿出最大的勇敢！

郭英剛下來，姑娘們爭先攀登，
老一代工人分外激動！
在這裡看到了我們新一代，
怎樣把無產階級事業繼承！

小玲在鑽塔下向雲朵仰望，
好像這鑽塔不停地搖晃；
過江在後面催促：上！
小玲的心呵更加緊張！

小玲用力攀登一步，
過江就在下面鼓舞：
“小玲，上！把氣鼓足！
學習楊子榮，上山打虎！”

小玲覺著已經上了很高，
她仰臉一望，嚇得大叫：
“哎呀，這鐵架子要倒！
老師傅呵，快快扶好！”

“小玲，鑽塔不會倒，
那是天上雲朵飄！
有工人階級的肩膀扛住它，
我們的鑽塔萬年牢！”

小玲沒有攀登一半高，

汗水就濕透了衣服；
老師傅讓小玲下來休息，
發酸的兩腿再也站立不住。

趙書記含笑走到身邊，
郭英上前把小玲攙扶；
"郭英姐！我真羨慕你……"
話沒說完，眼淚卻奪眶而出！

郭英說："小玲！別說上得不高，
你這也是很可貴的一步！
你想想：那次咱們一塊長征，
開始還不敢走那崎嶇山路……"

趙書記說："你們回去換換衣服，
休息好，就是今晚的任務。
根據老石油工人的體驗。
明天上鑽塔更要艱苦！

"'越是艱險越向前'　　——
我記得這是你們請戰的題目！……
爬鑽塔就是走革命的路。
它讓你們懂得：什麼是鬥爭的幸福！"

（選自《鑽塔上的青春》人民文學出版社 1975 年 6 月版）

挑山擔海跟黨走

黃聲笑

一

萬里長江飛浪花，
萬朵彩雲繞江峽，
萬件禮物獻給黨，
萬首凱歌傳天下。

碼頭工人抒豪情，
心似大壩開了閘；
站在峽頂看碼頭，
越看精神越煥發。

吊車成排揮巨臂，
纜車飛騰賽駿馬，
貨車賓士不斷線，
今日港口變化大。

舉起巫峰當彩筆，
寫出工人心裡話；
一句就是一曲歌，

一字就是一簇花。

是黨救我出苦海，
碼頭工人當了家；
是黨揮手指前程，
碼頭實現機械化。

翻身全靠毛主席，
恩比海深藍天大。
乘風破浪向前進，
革命路線是燈塔。

二

可恨萬惡舊社會，
一條扁擔肩上壓，
一把汗水一滴血，
一路腳印一身疤。

挑著大米空著肚，
挑著布匹披爛麻，
挑著柴炭灶無火，
挑著磚瓦睡敞壩。

年年走的斷魂跳，
月月跑的傷心壩，
日日爬的閻王坡，
夜夜上的送命塔。

把頭逼我扁擔稅，
員警朝我身上打，
老闆對我張血口，
買辦對我齜毒牙。

聲聲號子聲聲恨，
仇恨人心進火花；
黨的領導發號召，
扁擔一揮把工罷！

坡不上，河不下，
船不靠，跳不搭；
扁擔掄起風雷吼，
豈容魔鬼逞強霸！

扁擔劈斷海關鎖，
杠子搗爛八字街，
扁擔配合解放軍，
打得群魔滿地爬。

工農跟著共產黨，
鬼窟魔殿要燒塌。
東方紅，飛彩霞，
打出一個新天下。

三

高呼紅日照江峽，

雲開霧散飛彩霞，
扁擔搭起彩門樓，
搭肩絮成萬朵花。

抹著喜淚迎大軍，
手拉親人到我家，
燒開西陵峽中水，
泡滿五峰雲霧茶。

支援大軍過長江，
萬條扁擔當橈劃，
腳走驚雷追窮寇，
肩挑疾風掃殘渣。

長江奴隸做主人。
挑山擔海勁頭大，
鋼鐵糧棉排隊來，
祖國托我送天下。

一串號子一首歌．
一滴汗水一朵花，
一路春風一身勁，
建設人民新國家。

跟黨推翻三座山，
跟黨挑來機械化，
跟黨搬走窮和白，
跟黨繪製新圖畫。

四

光芒萬丈總路線，
三面紅旗插江峽，
杠子扁擔要革命，
碼頭定要機械化。
打開寶書找方向·
革命航程有燈塔；
自力更生建港口。
天大困難踩腳下。

扁擔一揮天地動，
碼頭工人出了發，
命令雷紅燒電焊，
喊來龍王衝泥沙。

長江大擺鐵龍陣，
十裡港口熱氣大，
汽笛高奏躍進歌。
土制吊杠上了馬……

突然冷風吹江峽：
"趕快給我來下馬！
沒有'天才'洋專家，
能搞什麼機械化！"

軟的騙來硬的卡，

又拆牆腳又揭瓦。
舵工不怕暗礁險，
我們不怕泰山壓。

不靠皇帝和菩薩，
不靠"天才"洋專家，
全靠人民一雙手，
勞動創造新天下。
碼頭工人挺起胸，
搭肩一抖動江峽。
緊跟革命路線走，
頂著風浪朝前劃。

五

偉大領袖毛主席，
高瞻遠矚氣魄大，
發動文化大革命，
紅色風暴卷天下。

萬條江河奔騰急，
要把殘渣來洗刷，
工人階級打頭陣，
對著黑線猛衝殺。

搗毀劉賊司令部，
粉碎復辟黑計畫，
掃除長江煙和霧，

掃清灘上泥和沙。

藍天不准烏雲擋，
江山不准黑漆刷，
紅旗不准灰塵染，
歷史不准往後拉。

誰說鬥爭熄滅了，
除非長江無浪花。
站在浪頭觀風雲，
革命路上識真假。

不怕騙子變手法，
不怕豺狼心毒辣，
革命人民團結緊，
掀起大浪淹死他！

警惕黃蜂尾上刺，
嚴防毒蛇口中牙；
階級鬥爭永不忘，
繼續革命大步跨。

越學路線越分明，
越幹力量越是大，
越學思想越明亮，
越鬥精神越煥發。

沙灘上面畫草圖，

蘆席棚外造鋼架。
爐火熊熊照天地，
鐵錘噹噹震山峽。

兩肩豎起捲揚機，
雙手豎起大吊塔，
碼頭工人揮彩筆，
港口一片新圖畫。

六

一條扁擔四尺八，
挑來碼頭機械化，
喜迎時代風和雨，
繼續革命走天涯。

城鄉物資聚港口，
千輪萬駁裝不下，
扛起長江當扁擔，
還嫌重量有點差。

峽港伸出摩天掌，
萬噸鋼鐵一把抓；
神女彎腰點頭笑，
汽笛召來滿天霞。

長江連著東海水，
港口連著亞非拉，

革命深情送全球，
世界遍開友誼花。

踢掉五洲絆腳石，
淘盡四海污泥沙，
要把天堂搬人間，
要把地獄全燒塌。

天下扁擔匯一起，
團結起來力量大，
放聲同唱《國際歌》，
迎來紅日照天下！

1972 年 7 月 1 日

（選自《挑山擔海跟黨走》人民文學出版社 1975 年 7 月版）

遵 義 行

瞿　琮

烏江問答

青峰千丈高，
洪波萬里流。
渡口問烏江，
往事可記否？

當年啊 ──
幾層雲，幾層霧，
幾層雲霧封渡口？
幾重兵，幾重馬，
幾重兵馬鎮山頭？
軍 ── 向何方行；
路 ── 往何處走？

問山山有聲，
朔風耳邊吼；
問水水動情，
漩渦打回頭……

當年啊 ——
千層雲霧隔不斷，
指看渡口紅旗抖；
百重兵馬擋不住，
遙聞山頭槍聲稠；
英勇奮戰的紅軍啊 ——
奪木船、強飛渡，
走天險、穿激流。
向何方 ——
開新路，向敵後：
往何處 ——
往遵義、迎舵手！

啊，高山千秋立，
長河萬古流。
迎來毛主席，
勝利在前頭！

迎紅橋

迎紅橋，
有多長？
得用心來度，
要拿情來量。
這頭在遵義，
那邊連井岡。
紅軍還在瑞金城，
就朝也盼、晚也想！

迎紅橋。
十丈長。
橋上紅軍過，
橋下流水淌：
響著紅軍歌，
照見紅軍樣 ——
紅五星，紅領章，
紅旗、紅馬、紅纓槍！

迎紅橋，
百里長。
紅軍迎面來，
鄉親排兩旁。
天歡地也歡，
山唱水也唱。
日間萬桿彩旗舞，
夜晚百里燈火亮。

迎紅橋，
無限長。
越千山，過萬水，
征途多長橋多長。
處處都有魚水情，
軍民相親心歡暢；
處處都有迎紅橋啊，
迎紅軍、迎救星、迎解放！

茅臺夜話

你問當年紅軍的渡口在哪兒？
喏，就在河岸的黃桷樹下 ──
那裡綁過浮橋的繩纜，
那裡繫過紅軍的戰馬……
那一年，初交春、雪剛化，
樹梢兒蘇醒爆嫩芽。
聽得一夜槍聲響，
麻麻亮，村鎮上迎來親人和戰馬。

牆壁上貼著大標語，
大坪裡響起土喇叭。
紅星紅旗照心暖，
苦根苦瓜是一家。

啊，麻花花青石沉河底，
硬朗朗門板座上搭；
兩根鋼索穿河過，
一桿紅旗樹上插。

任它白匪腳後跟，
管它敵機頭頂炸，
紅軍過了三天又三夜，
就像天兵天將，轉眼穿山岔……

說話間，已過去四十個冬夏，

往事常在心中翻浪花。
常對兒孫講述紅軍渡，
在坪上、在河邊、在樹下。

哎，你看那茅臺河邊樹，
年年綠、歲歲發；
你聽那赤水河中水，
日日流、夜夜話……

（原載《光明日報》1975 年 10 月 19 日）

向二〇〇〇進軍

李　瑛

一

莽莽的河漢呵。
浩瀚的長空‧
八千里雲月呵。
九萬顆銀星，
今天，爲什麼引起
如此巨大的震動？
看它們一齊
屏住呼吸，睜大眼睛，
向我們旋轉的地球，
不住驚異地瞭望，
不住凝神地傾聽：
"呵，那裡今天是什麼日子？
看，風雪彌漫的山頂。
從哪裡飄來
一朵紅雲，五顆金星？
呵，他們是誰？
有男有女，
任迷茫雪粒‧

積滿雙肩；
任狂風撲打，
寬闊的前胸。
九顆火紅的心。
在怦怦跳動；
九腔燃燒的熱血，
在激劇地奔騰。
他們氣宇軒昂地
屹立在萬峰之上。
整個蒼穹，都迴響著
他們的腳步聲聲！
呵，他們是誰？
今天竟有如此
無畏的膽魄，
做出了這樣
驚天動地的事情！
使沉寂萬古的天宇，
露出如此動人的笑容……"

二

呵，是我們！
八萬萬人民的代表，
我們驕傲的鷹！
看，我們的登山大軍過來了，
紅旗 ——
穿過風的嘴唇，冰的牙齒，
闖過霧的迷陣，雪的陷阱。

鐵鎬，喚醒了千重雪嶺，
人聲，點染得萬里春濃！
看他們堅定的腳步，
看他們威嚴的身影，
這是一個何等堅強的集體呵，
這是一個何等雄壯的陣容！
他們
一腔腔熱血，
裹顆顆包天膽呵，
一身身鐵骨，
湧萬丈豪情！
一個結組 ──
一群親密的姐妹兄弟，
一個梯隊 ──
一個溫暖的大家庭！

巍巍珠穆朗瑪呵，
誰說你是嬌嬈的仙女，
卻為何
清晨，不見你梳妝？
傍晚，不見你整容？
不管是冬，是夏，
也不管是陰，是晴，
你總似萬匹脫韁野馬，
在高原上馳騁：
崢嶸的山岩是肌肉，
飛揚的雪粉是長鬃；
或者，你像千條飛龍，

在天宇裡翻騰：
紛灑的雪片是鱗甲，
捲動的雲濤是身形！
好呵，沒有你，
怎能來襯托 ──
我們的時代，
我們時代的人民，
我們人民的英雄！
對於我們堅強的兒女 ──
你是長龍，
我們也要攀上你的角，
暢遊蒼穹；
你是烈馬，
我們也要跨上你的背，
迎風馳騁！
呵，哪怕頭上，孕育著
擊天的雷火，
呵，哪怕腳下，埋伏著
裂地的險情；
戰勝它 ──
一次次撼天的雷陣！
征服它 ──
一場場駭人的雪崩！

告別一座營地又一座營地，
登上一個高程又一個高程，
艱苦的運輸組留在身後了，
這是他們 ──

運來的食物和燃料;
英勇的修路組留在身後了,
這是他們 ——
刨的臺階,插的路標,拉的索繩!
多少個難忘的高山之夜喲,
冰塊的幽藍,
映著雪裏的帳篷;
一簇爐火,
像一朵通紅的牡丹,
一點燈光,
像一顆垂天的小星;
火前,燈下,
認真地學習吧:
呵,沿著毛主席的革命路線,
加強無產階級專政……
呵,怎樣爲人類作出較大貢獻,
如何繼續深入批林批孔……
—— 這是營養我們生命的
真正的氧呵,
—— 這是真正的路標,
指引我們向峰頂攀登!

……現在,深夜幾點鐘?
峽谷 —— 零下三十度的嚴寒,
高空 —— 掀起十二級大風。
那觸天的群山呢,
不見了,
只聽迷茫的雪粒,

撲打著帳篷……
睡不著，起來吧·
起來看：
山還究竟怎樣險，
風還究竟怎樣凶，
這雪，這夜，
這嶙峋的巨石。
究竟還有多大本領。
在我們面前肆虐逞瘋！
起來，喝一杯桔子水，
整一整裝具，
談起北京 ──
北京呵，此時，
也許已經黎明：
陽光，正照亮
天安門金色的瓦頂。
烈士碑前，松枝
靜靜地閃耀，
廣場上，紅旗
正飄在萬里晴空！
敬愛的毛主席
推開窗子，
在向我們遙望呵，
臉上露出
何等親切、欣慰的笑容……
北京，離我們千里萬里，
千里萬里，都鋪在心中。
向大本營報告吧：

我們開完了黨的小組會，
準備出發，繼續攀登！

注意！面前，
又懸起朵朵雲煙、雪霧，
注意！腳下，
又一道冰的陡坡，冰的裂縫；
面對著危岩風雪路，
呵，實在，實在掩不住
心頭的悲痛 ──
黎明時還跋涉在身邊的戰友，
此刻，卻再不見他的音容；
為了革命，為了勝利，
他滑墜了，他犧牲了，
只留下背包，冰鎬，
堅定的誓言，壯麗的理想，
還有他沙啞但卻深切的叮嚀……
沒有黑紗，
纏上我們的左臂，
但見身邊，
靜立著無數素潔的雪峰！
崢嶸的峻嶺喲，
顯示了他的意志；
起伏的山巒呵。
回蕩著他的心聲！
黨支部呵。
這是我們的請戰書，
　── 一張紙，

壓低那千重雪嶺！
黨小組呵。
這是我們的決心書，
　── 一句話，
恰似滾動的雷鳴！
戰勝它 ──
雪牆，斷層，
跨過它 ──
冰塔，冰洞。
越過了天塹"北坳"。
再攀上"第二臺階"的梯頂。
此時呵，我們知道：
毛主席，在我們身邊，
祖國呵，在我們心中。
看，多少個高山觀測點，
多少架高倍望遠鏡，
正一齊向我們遙望，
那是八億雙殷切的眼睛呵，
在看著她的兒女邁出每一步．
像看著我們祖國。
怎樣戰勝了過去的艱苦，
又怎樣迎來燦爛的黎明！

莫說這裡只有冰和雪吧，
莫說這裡只有雲和風，
也莫說這裡只有從泥沙岩石中
埋藏的螺螄、貝影，
才感到你億萬年前升沉的古海，

波濤飛捲，電閃雷鳴；
也莫說這裡太寒冷，太寂靜，
一如洪荒的遠古，
也許時間
從不曾在這兒流動……
而此刻，看呵，
八億顆火熱的心，
爲我們相送：
八億雙熱情的手，
扶我們攀登！
快拉起缺氧暈倒的戰友，
快抓住冰坡滑倒的弟兄。
"你，吸幾口吧。
這氧氣，爲了革命！"
"不！我能堅持，
留下它，給別的同志，
準備好，突擊頂峰！"
小小的結繩呵·
傳達著一句共同的語言：
堅持，呵，堅持！"
不同的心臟，
卻跳著一個共同的心聲：
"必勝，呵，我們必勝！"
團團壓頂的亂雲·
任你翻捲吧！
漫空飛揚的風雪，
任你嘶鳴！
我們 ──

紅旗，在前面，
冰鎬，在手上，
信念，在心裡，
勇氣，在胸中；
看"死亡線"上，
屹立起個個
何等無畏的生命！
這是真正的戰士呵，
這是真正的英雄！
看他們：
一寸 —— 一寸 —— ，
一步 —— 一步 —— ，
終於，終於攀上了 ——
頂峰！
"毛主席萬歲！"
"中國共產黨萬歲！"
歡呼，響徹天宇，
幸福的淚水，
模糊了每個人的眼睛……
多少永生難忘的日夜，
多少千難萬險的征程，
此刻，都一齊化成了
陣陣雷鳴！

呵，我的小小的心臟‧
你莫要激烈地跳動；
我的發熱的雙眼，
你莫要喜淚縱橫！

快！快打開報話機，
向親愛的黨報告喜訊：
"一九七五年五月二十七日
十四時三十分，
我們全部勝利地
從北坡登上了地球最高峰！"
電波，馳過疊嶂重嶺，
一聲聲，一句句，
讓喜訊傳遍萬里晴空！
這巨大的喜訊呵，
字字凝著堅冰雪粒，
字字卻又燃著如火的豪情；
眼前這萬頃冰山雪海呀，
頃刻間，
怕不要被它烤得
雪化冰溶！
勝利了！呵，勝利了！
偉大領袖毛主席，
偉大的黨，
我們無畏的人民，
我們鋼鑄鐵打的英雄……
快，快展開五星紅旗，
讓它來映透天宇；
快，快豎起紅色覘標，
好來繪下祖國的姿容；
快，快採集冰雪樣品，岩石標本，
讓大自然回答我們的問訊；
快，快撥開山巔積雪，

讓我們選一顆光潔的石子，帶回北京：
現在，且把它揣進懷裡，
回去獻給敬愛的毛主席 ——
這是您的革命路線的
偉大勝利和光榮！

站在這千水之源，萬山之頂，
看呵，地從這裡起，天從這裡升，
星球在我們腳下旋轉，
日月在我們肩頭運行；
那萬古不息的星斗呵。
在胸前閃爍，
似顆顆紐扣；
那絢麗多彩的雲霞呵，
在身邊舒卷，
像重重幃屏！
觀滄海，橫流天際浪無盡，
望萬山，嶙峋陡峭浴長風！
腳下，五大洲
　—— 五片沸騰的大陸：
無論是針葉樹或闊葉樹
覆蓋的土地，
也無論是黃色的或藍色的河水
拍撫的土地，
同樣都是：
塵土飛揚，
硝煙彌漫，
熱氣蒸騰！

戰鬥的人民呵，
握鋼槍，挽長弓：
嬌嬈的河山呵，
幾處陰，幾處晴；
革命，到處都在
勝利地前進，
看帝、修、反、
失魂落魄，膽戰心驚！
呵，多麼好，
這偉大年代的壯麗風景！

在我們偉大祖國，
條條大道上，車輪飛轉，
道道江河裡，風滿帆篷；
那滔滔黃河呵，
像一條翠帶，一條大路，
那巍巍長城呵，
似一柄利劍，一架長弓！
江南，一千條小溪，
在腳下喧鬧；
塞北，一萬縷炊煙，
在嫋嫋飄升……
滿眼是春風化雨，
遍地是柳綠桃紅！
呵，何等絢爛的景色！
呵，何等豪邁的人生！
我們，
經過數不盡的

驚天動地的戰鬥，
今天，今天呵，
我們更深地 ──
理解了生活，
理解了革命，
理解了鬥爭！
世界呵，請到珠穆朗瑪峰頂
來認識我們吧，
這就是今天我們的面容，
　── 偉大中國人民的面容……

三

今天，我們的登山英雄回來了，
脫下冰爪，解開胸繩，
接受吧 ──
這青稞酒，
這酥油茶，
這人民給予的光榮！
此刻呵，我更聽見，
我們黨的中央委員會，
　── 我們的大本營
正發出號召，
進軍的鼓，震動大地，
衝鋒的號，激蕩長空！
面對著年輕的世界，
敬愛的毛主席，
正披風沐雨，

率領我們八萬萬

馬列主義武裝的紅闖將呵,

進行著無畏的攀登,

戰鬥,喚醒了我們的生活,

理想,鋪出了燦爛的前程。

看他們,朝氣蓬勃,英姿颯爽,

看他們,你追我趕,分秒必爭!

這是一次何等偉大的進軍呵!

在歷史的重巒疊嶺間,

在升沉的大陸上,

在迷茫的風雪中,

我們的老祖先,

曾徘徊了多少世紀,

如今,我們才開始 ──

真正的出征!

要問我們的去處嗎?

呵,共產主義就是我們的目標;

要問我們的來路嗎?

請寫上無產階級的姓名!

呵,鐵錘,鐮刀,鋼槍,

── 緊握手中的武器!

呵,昨天,今天,明天‧

── 永遠不息的攀登!

我們穿著草鞋的腳板,

曾踏低雪山;

我們進軍路上的帳篷,

更高過山峰!

看呵,日日夜夜,

在九百六十萬平方公里的土地上，
在車間，在田頭，在軍營，
多少雙沾滿油漬和泥土的大手
在書寫：
"像馬克思教導的那樣，
繼續革命！"
多少副朝氣蓬勃的大腦
在思考：
"怎樣加強對資產階級的
全面專政？"
必須，必須翻過 ——
資產階級法權的"雪牆"，
必須，必須度過 ——
三大差別的"冰縫"。
大地上，
政治夜校的燈光，
照耀著一座又一座高山營地；
理論隊伍的腳步，
踏伏陣陣風暴，滾滾雷霆！
他們 ——
世代的老工人呵，
世代的老貧農，
解放前，誰曾有過
自己的姓名？
而今，他們手捧著
馬列的著作和毛主席的書，
在大學講臺上講解：
"奴隸們創造歷史"，

在《人民日報》上討論：
"怎樣堅持繼續革命？"
沸騰的水鄉呵，
戰鬥的山城 ──
每架犁鏵在爭相呼喊：
"跨'黃河'，過'長江'，
去俯瞰那'山外美景'！"
每面紅旗在爭相誓師：
"超指標，破定額，
要凌空飛升！"
那汗水浸透的曲曲戰歌，
響徹千座大壩，萬條田埂；
那熱情注滿的聲聲號子，
震盪著無邊沃野，莽莽群峰！
那遠接無際的，
是我們的棉田，
那聳人雲霄的，
是我們的油井！
我們礦山上的天輪，
和棉紡廠的紗錠
競相旋轉；
我們閃光的鐵軌，
和超高壓輸電線
一齊繃緊神經！
多麼可愛呵 ──
從工地上起重機的巨臂，
到實驗室電子儀器上的小小螺釘，
從生產隊長的閃光的鍬板，

到大壩上“合龍”夜戰的不滅的風燈，
哈！風聲，浪聲，
歌聲，鼓聲，
熱氣騰騰的千軍萬馬呵，
哪條戰線，不都在
爭向新的高地，攀登！攀登！

這就是我們偉大的社會主義祖國呀，
祖國，曾經是 ──
五千年瘡痍滿目，
而今，卻 ──
繁花似錦，萬木蔥蘢！
是的，昨天，
我們的父兄，
已踏爛三座大山；
今天，看他們呵，
寶刀不捲，戰旗更紅！
前人沒有做過的事，
我們來做；
前人未竟的事業，
我們擔承！
歷史呵，
請用嚴格的標準檢定我們吧，
　── 我們肺葉的每一次呼吸，
　── 我們心臟的每一次跳動；
感謝你，賦予我們的
每一分鐘 ── 每一秒鐘，
看我們怎樣：

在戰鬥崗位上，
一天要等於三天那樣的
度過一生！
我們怎能忘記革命先輩：
巴黎公社街壘的彈洞，
涅瓦河上隆隆的炮聲；
我們怎能忘記大風雪的年代：
祖國，風捲紅旗，雪打長纓！
草地上還留著 ——
篝火的灰燼，
雪山上仍印著 ——
閃光的腳蹤；
我們怎能忘記革命先烈：
犧牲前最後的呼喊，
呵，該怎樣回答他們那
如火的真情！
偉大的革命呀，不屈的鬥爭，
對於我們，
是多麼艱辛，
卻又是何等的幸福和光榮！

是的，生活呵，絕不是什麼
花香鳥語，平湖秋月，
我們卻更愛那
風雷激蕩，大海奔騰！
我們知道 ——
在通向未來的大道上，
還有多少"天險"，

待我們飛越；
還有多少"高峰"，
要我們攀登！
哪管你"高寒缺氧"，
哪管你"冰川縱橫"
又是"亂雲"，又是"風暴"，
又是"峭壁"，又是"雪崩"……
敬愛的黨呵，
請相信我們吧！
塞外風雪，
曾凝滿我們的槍刀，
黃河波濤，
曾拍擊我們的前胸；
此刻，我們 ──
鞋帶，已經繫緊！
冰鎬，牢握手中！
我們面前，
哪怕還有多少個"二萬五千里"，
我們也要跟隨毛主席，
再越"婁山關"，
再渡"金沙江"。
再破"臘子口"……
用勝利，迎接新的長征！

呵，那是誰 ──
望著巍巍高山，
目瞪口呆，
對著滾滾亂雲。

膽顫心驚；
那是誰 ——
匍匐在山腳下
長籲短歎，
飄落一片樹葉，
也嚇得錯亂了神經；
呵，有人在用爵士樂，
伴奏國際歌；
用錘頭鐮刀的旗幟，
遮著酒綠燈紅！
喂！你們剔完牙齒
想跳場搖擺舞嗎？
滾開！這裡沒有 ——
天鵝絨的地毯。
綠油油的草坪！
我們生來，
就是為革命斬關奪卡，
隨時準備去戰雨鬥風！

看我們浩浩蕩蕩的
各路兵馬呀。
戰旗，鼓角，
槍林，紅纓，
沿著馬克思 —— 列寧 —— 毛主席
標定的路線，不息地前進，
我們每一步 ——
都在書寫一頁新歷史，
我們每一天 ——

都在登上一個新高程。
不要看婦產醫院的產房裡，
潔白的軟褥裡躺著的是
多麼幼小的生命，
但，只要歷史召喚，
再鬥它個千年萬年，
他們也會立即挺胸昂首，
一聲"到"，
前赴後繼，繼續攀登！

四

看我們的隊伍呵！
── 戰旗下，
八萬萬意氣風發的面容；
── 風雪中。
八萬萬你追我趕的身影！
呵，一陣陣 ──
呵，一片片 ──
紅旗飄動，
凱歌飛升；
林海的翠綠呀，稻浪的金黃，
棉紗的雪白呀，鋼水的嫣紅……
問歷史時鐘的指標，
可曾見過人間，中國大地上。
如此動人的情景？
問淘盡星月的天河水，
可曾見過今天，中國大地上。

戰鬥著多少強大的生命？
真該千歌萬頌，
我們美妙的地球，
真該萬頌千歌，
我們地球上最壯麗的高峰！
我們 ──
憑馬克思主義、列寧主義、毛澤東思想
這無敵的真理，
憑一顆紅心，一身鐵骨，一腔豪情，
我們光榮地領取了
一份無產者純潔的血，
就讓它激蕩，讓它燃燒，讓它沸騰！
多麼自豪呵！
我們能把它獻給人類，
讓它去推動歷史的引擎！
是的，我知道，
莽莽的珠穆朗瑪，
永遠屬於 ──
驕驍的勇士，
戰鬥的青春，
不屈的意志，
無畏的生命！
因此，才獻給他峰頂上那：
最早的一道霞光，
最後的一顆晨星，
雪線上，紅豔豔的雪蓮花，
以及那搏擊雲海的山鷹……

今天，我們的代表，
登上了地球的峰頂，
明天，我們如火的紅旗，
將插遍祖國各條戰線的
萬仞群峰！
此刻，請允許我
站在這世界屋脊上
高聲朗誦：
"無限風光在險峰"！
莽莽的河漢呵，
浩瀚的長空，
八千里雲月呵，
九萬顆銀星，
為我們歡呼吧！
歡呼我們這無敵的大軍 ——
向一九八〇年，
向二〇〇〇年前進的
偉大的戰鬥，
以及必將贏得的
偉大的勝利，
和我們更加偉大的
新的出征！

（原載《朝霞》1975 年第 11 期）

長 征 新 曲

李 小 雨

放聲歌唱吧，大渡河的波濤，
有誰比你更理解鬥爭的含意？
今天呵，你那每朵浪花，
仍映著當年紛飛的彈雨。
縱情歡呼吧，夾金山的雪峰，
有誰比你更難忘閃光的足跡？
今天呵，你的每塊岩石，
都印著當年翻飛的馬蹄！
二萬五千里，一路戰鬥，一路高歌，
二萬五千里，英勇奮戰，前赴後繼；
鐵流，像怒濤
衝刷著舊中國的大地，
鐵流，像烈火，
燒紅一個嶄新的世紀！

我歌唱你呵，光榮的遵義城，
紅日照五洲，紅霞映萬里，
毛主席掌舵指航程，
我們才有了勝利接勝利！
滔滔赤水呵，巍巍雄關，

莽莽雪山呵，漠漠草地，
縱然腳下有裂岸的驚濤，

頭上有彌天的暴雨，
但紅旗，紅旗閃著
毛主席革命路線的光輝，
紅星，紅星指引著
革命戰爭的勝利！
粉碎它，敵人的圍追堵截，
戰勝它，機會主義的陰謀詭計，
團結戰鬥向北行啊，
跟著紅旗跟著黨，
跟著毛主席就是勝利！

我英勇的先輩呵，
可記得烏江的硝煙，瀘定的火光？
我年輕的戰友呵，
可聽見烈士的喊聲，呼嘯的紅旗？
崢嶸歲月四十年，
槍聲何曾停，篝火何曾熄？
鐵索橋上，勇士們仍在衝鋒呵，
臘子口上，英雄們還在殺敵，
晨曦中，出征的號角在頻頻召喚，
月光下，戰鬥的硝煙仍陣陣騰起……
青紗帳的大刀呵，
橫渡長江的風帆，
新中國誕生的禮炮呵，
文化大革命的急風驟雨……

呵，新的萬里長征還只剛剛開始，
我們面前仍是烽火連天的陣地。
對資產階級還需要"挖上三道塹壕"，
對修正主義，我們還要永遠出擊。
此刻，戰友們，讓我們跑步集結，
一聲"到"，快跨入長征新的序列裡。

今天，我看見
長征路上的篝火已化作閃閃的燈盞，
點亮在多少哨所，多少營區！
燈下戰士們正在攻讀馬列，
——解剖著"商品"、"貨幣"、"資本
主義"……
就像當年紅軍在長征路上，
研究怎樣消滅頑敵！
燈下，老軍長正在寫著讀書筆記，
眼前升起延安寶塔山的展曦……
明天，他將扛起鐵鍬，扛起背包，
到幹校去，到連隊去，
去做一顆長征路上的石子，
填平三大差別的溝壑，
鋪築共產主義大廈的地基！

呵，柏油路上，老政委腳蹬草鞋，
又踏過千里萬里，
呵，霓虹燈下，新戰士飛針走線，
又縫綴多少征衣！
身經百戰的老前輩，

依然有"不到長城非好漢"的氣概呵，
朝氣蓬勃的新一代，
同樣有"萬水千山只等閒"的豪氣！
請雄關險道檢驗我們的意志吧，
任汗水雨水洗白我們的軍衣。
新的偉大的戰鬥已經開始，
讓我們肩並肩，臂挽臂，
衝上前去，
衝上前去！
再闖過數不盡的"險灘"、"暗礁"，
再翻過接天的"雪山"、"草地"，
沿著毛主席指引的方向，
踏著紅軍灑下的血滴，
發揚革命戰爭時期的拼命精神，
去跨越新的二萬五千里！
讓全世界都來傾聽吧，
那撼天震地的腳步聲，
那歷史決戰的激越鼓點，
就是我們 ──
我們中國工農紅軍新的梯隊，
在譜寫更加壯麗的進軍曲！

（原載《朝霞》1975 年第 11 期）

閃光的工號

陸　萍　鄭成義

引　子

走出學校跨進工廠的大門，
紡織工人的生活呵是如此沸騰！
每天咱只要按動那烏亮的電鈕，
金絲銀練呵，就會五彩繽紛……

偉師傅是咱學習班的輔導員，
他呀，時時刻刻在把咱關心；
突擊隊裡他和咱一起義務勞動，
批林批孔，他伴咱一起溯源追根。

"為什麼要鞏固無產階級專政？"
"怎樣呵，做好革命事業的接班人？"
有時，咱談呀談得豪情滿懷，
有時，咱爭呀爭得熱血沸騰……

星期天，偉師傅讓咱去請鳳英書記，
並捎上咱理論組寫的《水滸》評論；
咱一口氣衝上向陽院的大樓 ——

哎，鳳英書記在看啥呀，看得這般入神！

—— 發黃的照片上是一個姑娘，
項下木牌上寫著"王鳳英 —— 390"。
啊！"390"這不是咱偉師傅的工號？
咱好奇的心進出一連串發問 ——

"鳳英師傅，這是你啥時的照片？
為什麼把沉重的木牌掛上頭頸？
390 —— 難道也是你的工號？
是工號，為什麼不寫上工作證？……"

書記沉重地把照片放在咱的手裡，
緊抿的嘴唇抑不住心潮翻滾：
" —— 當年進廠就像囚犯被編號拍照，
這照片上不是我，是我的母親。……"

"啊！什麼？'390 —— 王鳳英'，
女兒和母親怎會是同工號、同姓名？
啊，鳳英師傅，快告訴咱，告訴咱，
這照片到底是怎麼一回事情？"

—— 年輕的姑娘呵，你當然不會知道，
工號上許多許多過去的事情，
那沉重的災難，那流血的鬥爭，
那反覆的較量，那偉大的進軍……

來吧，讓我們學習光輝的三十三條語錄，

沿著馬列主義、毛澤東思想明燈的指引，
展開我們搏風擊浪的翅膀，
到階級鬥爭的歷史長河中去把答案探尋……

誰是女兒？誰是母親？

漫漫長夜，沉沉車弄，顫顫紗錠，
王鳳英拖著沉重的身孕將要臨盆，
突然工頭狠狠一腳：　"找死嗎？390！"
啊，頓覺天昏地暗，金星亂進！

滿腔怒火！滿腔仇恨！
難道世界上母親也是罪名？！
一咬牙，轉身紮進沉沉雪夜，
蘇州河呵，該記得那一路慘痛呻吟！

再也無力向前挪進一寸，
母親沉重的身子跌進席糊的家門。
突然 "哇" 的一聲隨門板跌落，
是什麼命運呵，等待著才降的生命？

沒有奶漿，只有屋簷下滴水的冰淩，
沒有爐火，只有母親一雙冒火的眼睛；
沒有歡笑，只有蘇州河水在沉重歎息，
沒有名姓呵，只有一腔訴不盡的仇恨！

呵，烤人的烈日，凜烈的北風，
母親的血汗已被榨乾熬盡。

呵，苦澀的糠團，磨穿的鞋跟，
女兒嚼著仇恨長大成人……

母親顫抖著把工折打開又攥緊，
扯痛她心的是工號 —— 390；
為編上這號曾含恨受了多少敲榨勒索，
一生勞累呵，沒給女兒留下一分半文！

儘管這工號曾滲著自己多少血跡淚痕，
儘管這是無形的枷鎖，駭人的火坑；
母親還是含淚把它放到女兒手裡，
　—— 從此呵，母親再也沒有睜開眼睛。

呵，坎坷的小路，慘澹的星星，
女兒過早地挑起生活的重任；
呵，人比秋草枯，廠比牢籠深，
女兒頂了母親的工號，冒了母親的名姓。

於是，"390 —— 王鳳英，"
母親的饑寒追隨著女兒的身影；
於是，"王鳳英 —— 390"，
女兒的災難重蹈著母親的腳印。

那一天，老闆的女婿魏龍從國外鍍金歸來，
學一套"文明管理法"來車間巡行。
工頭在帶路，就像一條叭兒狗，
魏龍挺著肚，儼然一尊凶神。

此刻，鳳英和姐妹娟紅正在匆匆落紗，
駭人的勞累呵，娟紅突然昏暈。
"裝死！ ── "猛一聲狼嚎犬吠，
呼嘯的皮鞭呵，就像毒蛇咬人。

鬱積的怨仇猶如火山爆發，
鳳英一把奪過鞭子，兩眼進出火星！
"你……" 魏龍和工頭驚得瞪目結舌。
百條車弄衝出憤怒的人群……

呵，不必去分誰是女兒？誰是母親？
舊社會的女兒、母親是同一命運；
呵，不必去分什麼工號、什麼姓名，
舊社會的窮人呵，都有一筆仇恨！

"我 ── 是 390 ！"

警察局密室裡的空氣一下子繃緊，
對方的電話裡傳來一道密令：
"中紡紗廠，工號 ── 390……"
頃刻，腥紅的警車竄進了工廠鐵門

這時，王鳳英已是光榮的共產黨員，
她在姐妹心坎裡播下革命的火星；
現在，她正在地弄裡召開會議，
籌畫著一場火爆的鬥爭。

此刻，娟紅在機群裡飛步閃身，

── 她要去查看地弄道口是否嚴謹；
地弄裡的鳳英呵，你知不知道？
那道口緊連著姐妹多少顆心……

在這生死存亡的緊要時刻，
無數往事在娟紅心頭撲騰──
那船棚的談心，夜校的燈光；
那團結的戰歌，罷工的哨聲……

你給我們帶來了毛主席的聲音，
使我們像紗線合股──團結一心；
姐妹們不能離開你呀，
就像孩子不能離開母親……

一陣皮靴響夾著串串吼聲，
革命的勝利使敵人百倍猙獰；
"誰是 390？！誰是 390？！──"
啊，敵人已衝進布機間的小門！

鳳英呵，你千萬千萬不要出來，
讓我巡步走來把道口踩緊；
鳳英呵，你千萬千萬不要出來，
讓我把機面的經紗輕輕扯勻。

敵人步步走來，啊，步步走來，
娟紅滿腔的熱血已經沸騰；
敵人步步逼近，啊，步步逼近，
娟紅突然高喊："我就是── 390！"

"我 ── 是 390！"
不屈的胸膛碰得刺刀卷刃；
"我就是 390，390！"
每條車弄響起錚錚回聲。

敵人 ── 目瞪口呆，口呆目瞪，
娟紅 ── 堅定從容，從容堅定；
呵，娟紅終於冒名被捕了，
離去的警車拖著一股黑色的煙塵……

"媽媽，媽媽，媽媽呀！……"
廠門口，等媽放工的小偉突然發現母親；
猛地"紅頭阿三"那帶釘的皮靴劈頭飛來，
娟紅只聽得孩子的慘叫裂肺撕心……

當鳳英從地弄裡出來知道了這一切，
這一切呵更激起她對敵人的深仇大恨。
她把"390" ── 這閃光的工號銘刻心頭，
珍藏起工折撤離了紗廠大門。

紗廠呵，鳳英今天暫時離開了你，
為的是早日使工人成為你的主人；
烈士的鮮血絕不會自流，
血的代價定會換來無產階級專政！

本號本色

公私合營的喜慶鑼鼓聲聲陣陣，

十裡長街籠罩著節日的氣氛。
看！新漆的廠牌披紅掛綠，
橫街的彩樓飄香流金。

今日哪，一桿桿煙囱顯得更高，
彷彿是挺直腰桿的主人；
今日哪，一列列紗錠擦得更亮，
彷彿是整裝待發的士兵。

鳳英跨進熟悉的紗廠大門，
今天哪，是以一個公方代表的身份；
可當她接到了新發的工作證時，
歡笑的面容呵，爲何變得這樣嚴峻！

"工號 —— 001……"
讀來這樣拗口，看來這樣陌生；
這個簡單的數字變更呵，
引來多少往事在她心上升騰！

鳳英情不自禁摸出珍藏的工折，
那跳入眼簾的是工號 —— 390：
就在這個普通的工號上呵。
娟紅戰友曾英勇地犧牲！……

北撤途中，它衝過刀叢劍樹，
南征路上，它穿過彈雨槍林；
披萬里烽煙，染一江豪情，
凱旋時，多少姐妹喜淚盈盈……

呵，紗廠大道迎來真正的主人，
三丈車弄又擺開了新的戰陣，
肅反運動，挖出了那告密的特務，
烈士墓前，鳳英心潮難平：

"娟紅！你兒子 —— 小偉已羽翼初豐，
你的鮮血染紅他胸前的領巾！……"
唉！這怎能告慰九泉下的姐妹，
先烈關注的是整個階級的命運！

祖國的藍天雖已是晴空萬里，
但峽谷溝壑裡時有毒瘴殘冰；
鬥爭更複雜呵，眼睛要更亮，
擔子更繁重呵，腳步要更穩！……

她收起這小小的工折呵，
收不攏滿腔戰鬥的豪情：
同志們！讓我保留原來的工號吧，
我對390一更有感情。

讓我保留一個普通工人的工號吧！
保留一個普通勞動者的本分！
難道不正是千萬個"390"的鬥爭呵，
才把壓在身上的三座大山鏟平？

在五反運動的日日夜夜，
不法資本家爲何這樣膽顫心驚？

難道不正是因為工人隊伍的強大，
像淬火的鋼刀永不卷刃！……

呵，墨寫的工號雖被歲月熏黃，
血寫的教訓應該日益加深！
今日哪，資產階級並沒有甘心，
他們正散發著陣陣迷霧、香風。
說什麼：既要企業蓬勃興旺，
就得依靠 —— 專家、獎金……
不！社會主義的香花甜果，
絕不能用資本的毒汁來灌溉、滋潤。

當年，那刺耳欲聾的警車狂嘯，
沒能使戰士的腳步後退一寸；
今日，這滿臉堆笑的甜言蜜語，
又怎能使進攻的號聲減弱半分！

看！風英白圍裙上鮮紅的工號，
看！鳳英審批欄中剛勁的簽名，
 —— "390"，那火紅的光焰呵，
正煥發出壯麗的青春！

在旗飛鼓喧大躍進的年月，
群眾爆發無窮的智慧，衝天的於勁，
自動落紗機就像一葉新芽冒尖，
紮根肥沃的土壤，沐浴浩蕩的東風。

鳳英呵，日夜辛勤灌溉，

紗廠呵，時刻萬馬奔騰；
自動落紗機正突破重重難關，
前面呵，決沒有攀不上的險峰！

當西伯利亞寒流襲來，
走資派迎頭澆冷水一盆：
"下馬吧！這分明是勞民傷財，
靠這些人，搞得出什麼革新！……"

"在實踐中前進，怎能算'勞民傷'？
離開了群眾還談得上什麼技術革新？
……"
鳳英並不"馴服"，提出反問，
走資派就玩弄起手中的權柄：

"眼前，先不談什麼革新、革命，
首要的問題是解決原料要緊；
鳳英同志：請為國家分擔困難吧！
現在，調你去收購站 —— 明天動身。
……"

望窗外，夜空一顆紅星閃亮，
想北京，心海萬頃波濤翻滾，
當鳳英調離紗廠，留下了工號，
也在日記本上留下無聲的叮嚀 ——

在社會主義建設的花壇苗圃，
警惕呵，警惕毒蟲匿生；

在娟紅戰鬥過的三丈車弄，
還有呵，還有萬里征程；

寄語 390 未來的戰友呵，
要有一雙紡織工人銳利的眼睛，
剔清混在絮棉裡的雜質、黑疵，
讓我們迎著風浪，並肩前進！……

前哨尖兵

一九六六年，一個初冬的早晨，
浦江兩岸紅旗勁舞，戰鼓催春，
長街呵，紅綢橫拉三千尺，
高樓呵，五彩傳單落紛紛……

此刻，風英正穿過大街，走向紗廠，
文化大革命的風雷在她心頭翻滾。
三年農村生活，兩年社教風雨，
鳳英的步伐呵，緊隨時代的腳印。

今天，小偉邀她來參加專題揭發會，
她的情思呵，早在三丈車弄馳騁；
娟紅的兒子—小偉復員進廠兩年了，
年輕人呵，正把媽媽的事業繼承！

多年來，星馳雲移，書信往來，
小偉的成長呵給了鳳英多少歡欣。
今天的歡樂往往會引來回憶中的傷痛，

她眼前呵，不時出現北撤時的情景：

……月冷風寒，鳳英來到小偉床邊，
睡夢中的孩子也許正想著白天失去的母親。
鳳英輕輕呼喚他，又怕把他叫醒，
放下孩子受傷的腳，她如針刺心；

她留下一雙粗布棉鞋，一道口信，
踩冰踏炭呵，莫叫傷口沾染病菌；
她相信，他們將會在紅旗下相逢，
小偉的腳呵，一定會走上光輝的人生。
……

一聲車笛，飄紅的宣傳車從旁馳過，
跟前呵 —— 多麼熟悉的紗廠大門！
廠道兩旁，大字報席棚列成長陣，
圍看的人群呵，擠得密密層層。

抬頭看 —— 就像鐵粉被磁極吸住，
那第一張大字報署名竟是 —— 390！
啊！390 —— 不正是自己當年的工號？
大字報上到底揭發了什麼事情？

劈頭一句："掌什麼權？走什麼路？"
鬥大的問號彷彿炸開的雷霆！
在擠走革命老幹部以後，
走資派幹了多少不可告人的事情？
鋪下一層層復辟的土壤，

拔掉一枚枚刺眼的"鋼釘"；
打著一面面"紅色"的旗號，
遮住一種種陰暗的禍心……

科研室門口掛起了"閒人莫入"的禁牌，
做一筆罪惡的交易將"洋機"買進：
把工人往下壓，把魏龍往上扶，
扶起的是"崇洋迷外"，壓下的是"自力更生"……

一堵禁牆妄圖擋住群眾的視線，
牆裡，走資派和魏龍談笑風生……
390曾經猛揮鐵錠砸爛了禁牌，
啊，走資派又玩弄起慣用的權柄……

鳳英用手壓一壓被風吹亂的髮絲，
彷彿要把心頭激憤的思緒理清，
快再往下看，往下看一
我們的戰士怎樣迎接了這場鬥爭……

"禁牆內買進的是洋老闆的專利，
禁牌下復辟的是資產階級專政！"
呵，好一場攻勢凌厲的進擊，
好一場針鋒相對的辯論！

是的，這禁牌上"閒人莫入"四個字，
不正是當年工頭揮舞的鞭影？！
是的，那發放禁牌的走資派，
不正是資產階級在黨內的代理人？！

"禁牌就是復辟牌，紅漆只是保護色！
涇渭必須要分清，回答不准帶含混！"
呵，好個無私無畏的戰士，
好雙洞察風雲的眼睛！
是的，這禁牌上"閒人莫入"四個字，
怎能擋住主人的大步前進？！
是的，文化大革命的滾滾洪流，
正在把前進路上一切禁牌蕩盡！

鳳英讀了一遍又一遍呵，
多皺的眼角蕩漾著激情；
鳳英看了一遍又一遍呵，
明徹的眼睛潭水般深沉……

啊，大字報像鋒刀利劍，
挑開了修正主義的敗絮殘塵；
兩條路線的激烈交鋒呵，
390 分得多清，攻得多猛！

鳳英禁不住頻頻點頭呵，
鳳英忍不住輕輕自問：
"390 —— 你是誰呀？
你是誰呀 —— 390……"

"390 是我，我就是 390！—— "
突然，背後閃出小偉那年輕的臉龐；
啊！"我就是 390！我就是 390！—— "

風英似聞當年娟紅那激昂的呼聲……

呵，有的父母只圖給孩子營築暖巢，
而娟紅留給後代的卻是這句呼聲；
這呼聲潛入小偉年幼的心靈，
今天哪，在他浩瀚的心海響起了回音
……

"啊！是你呀 —— 小偉！小偉！……"
意外的高興使鳳英的心情格外振奮。
在這和國民黨繼續鬥爭的征途上，
繼往開來的 —— 是多好的接班人！

"鳳英師傅，大家正在等你……"
小偉把鳳英的雙手握得很緊，很緊。
……工號的故事並沒有結束，
新的一頁將在繼續革命的風雨中寫成 ——

工號的一課

義務勞動的大旗在風雨中飛騰，
"學理論，做主人"的橫幅像一抹紅雲。
擴建廠房的清基戰鬥已經結束，
姑娘們挾著風雨撲進工棚。

"偉師傅，快進來！快進來！
看你渾身濕透，汗雨難分……"
"偉師傅，快進來！快進來！"

於是，工地上留下最後一行腳印⋯⋯

呵，一蓬雨煙，一道閃電。
呵，一陣喧嚷，一陣議論，
姑娘們的嗓音是這麼尖脆，
沉靜的語調裡飽含著氣憤：

"有人說 '390' 只會在大字報上衝殺⋯⋯
偉師傅，這 '風聲雨聲' 刮得可緊！"
"任它風雨刮得再猛再緊，
也擋不住我們去戰雨鬥風！"

"有人說你曾是全廠風雲一時的人物，
到頭來還在原地踏步 —— 檢修巡行革⋯⋯"
"莫要說在原地踏步 —— 檢修巡行，
在破 '法權' 的路上我們還該勇猛衝鋒！"

"有人說紅彤彤、響噹噹的家庭出身，
當然是一筆享用不完的老本⋯⋯"
"不！它若不化一身鐵甲去戰風斗雨，
便會變成一條金鏈纏骨鎖心！"⋯⋯

窗外，一蓬雨煙，一道閃電，
棚內，一陣喧嚷，一陣議論，
姑娘們的嗓音還是那麼尖脆，
小小工棚裡飽蘊著戰鬥激情：

"這是 —— 好心人的陳腐觀念！

這是 —— 資產風在尋絲覓縫！
師傅呵，我們絕不能視而不見，聽而不聞！
你看看，咱寫的這三篇評論……"

"同志呵，這就是戰鬥的風聲雨聲，
雄鷹的翅膀只有在風雨中才能練硬！
我們已戰鬥了幾輩，還要戰鬥下去，
等會請局黨委書記鳳英談談過去的鬥爭！"

年輕的輔導員 —— 生產組長偉師傅呵，
深深懂得該怎樣鞏固無產階級專政。
今天是徒工轉正編發工號的日子，
更重要的是把她們編人反修的大軍。

"啊，來啦！來啦！鳳英師傅！"
一陣歡呼壓過房頂風嘯雷鳴。
"小將們，我沒有遲到吧！ —— "
回答的是一陣陣熱烈的掌聲……

呵，窗外密密雨簾，道道閃電，
呵，棚頂串串沉雷，陣陣風聲，
姑娘們來工棚不為躲風避雨，
這工號的一課呵，像春雷在每個人心
裡轟鳴……

把工號繡上胸襟

呵，工號上的風雲卷起咱心海層層浪花，

咱望著自己的工號想著肩頭的責任;
呵,新的工號,新的征程,
咱抖開殷紅的絲線,雪白的圍裙。

鳳英師傅呵,爲咱引線穿針,
咱把自己的工號繡上胸襟;
呵,針尖挑起的簇簇火焰,
燃燒著咱年輕的心靈 ──

記住呵,從前,從前咱們是奴隸,
記住呵,今天,今天咱們是主人;
記住:是千萬先烈灑下的鮮血,
才換來了無產階級專政!

記住:文化大革命雖已花繁果碩,
但社會主義園圃中還有毒草葛藤,
不剷除資本主義的殘留土壤,
怎能永保無產階級專政萬年常青!

資產階級時刻都想捲土重來呵,
正以他們百倍的瘋狂,千倍的兇狠,
在他們拋出的釣餌上,
不正企待著有人上鉤、沉淪!

眼睛要擦亮呵,針要紮正,
飛針走線呵要把方向看清,
在生活的大海中要永遠搏浪向前,
不要像泥沙在水底沉澱!

呵，殷紅的絲線呵，殷紅的工號，
繡下了前輩的囑託，階級的使命 ——
要牢固佔領思想領域中的一切陣地，
絕不給資產階級留下半絲隙縫！……

胸襟上繡上了鮮紅的工號，
鮮紅的工號緊貼著鮮紅的心，
今天呵，咱加入了工人階級的行列，
就該無愧於一員戰鬥的士兵！

呵，敬愛的毛主席親愛的黨，
請接受一個接班人莊嚴的保證：
在埋藏資產階級的戰鬥中，
咱一輩子在紅旗下衝鋒陷陣！

尾　聲

一個星期四悶熱的黃昏，
被打碎的汽窗口突見暴雨傾盆，
一股強大的寒流襲進車間，
濕濁的雨霧頓把空氣攪混。

姐妹們急促的腳步追著腳步：
　"絕不能讓援外產品遭受汙損！"
師傅們焦急的目光碰著目光：
　"這般高的汽窗呵，該怎麼攀登？
……"

就在姐妹們想方設法的時刻，
看！鋸齒面的房頂上一個人影在飛奔。
呵，狂風暴雨頓時減滅了威勢，
只見擋住碎窗是一方雪白的圍裙。

雪白的圍裙呵堵住的了寒流暴雨，
圍裙上繡著紅閃閃的工號 —— 3900；
姐妹翹首 —— 七分欽佩、三分震驚，
師傅仰臉 —— 三分驚喜、七分擔心。

鳳英奔過車頭仰望窗欄，
呵，3900 —— 這樣熟悉而又這樣陌生。
3900 不正是那工號 390 的伸延？
一種崇高的感情激起她心潮陣陣⋯⋯

呵，嚇停了暴雨，驚退了狂風，
猛見順著汽窗長鏈滑下來一個人，
她柔秀的髮絲串一掛雨珠，
她濕透的胸襟閃一抹紅雲。

"鳳英師傅，今天你又來勞動啦？"
滑下的姑娘彷彿沒有發生什麼事情。
"啊！年輕的姑娘，原來是你⋯⋯"
鳳英的心情如接待凱旋歸來的新兵。

一聲欣喜的哨音掠過耳畔，
呵。自動落紗機如海中飛艇，

姑娘敏捷的身影溶入滔滔銀河，
就像一顆閃亮的星星……

當偉師傅趕來把姑娘找尋，
只聽有人大聲讀響了牆上的《戰地紅纓》，
那醒人的標題是："我們是工廠的主人"，
那閃光的署名是：工號 ── 3900。

呵，閃光的工號，閃光的人，
呵，鋼鐵的大軍，鋼鐵的陣營，
在毛主席革命路線上出擊的戰士呵，
怕什麼坎坷的道路、突變的風雲！

呵，閃光的工號，閃光的人，
呵，鋼鐵的大軍，鋼鐵的陣營，
在通向共產主義的征途上，
看我們浩浩蕩蕩一往無前的進軍！

　　　　（原載《閃光的工號》上海人民出版社 1975 年 12 月版）

婁山磨斧

李發模

春風似火點桃樹，
月移柳影上窗戶。
屋簷下，誰早起？
披星戴月正磨斧。

譆譆譆……譆譆譆……
磨石把滿腔豪情吐。
磨得雲湧星飛馳，
磨得風起山奔逐。
月照鋼斧亮閃閃，
霜染鬢髮飄拂拂。

趁月色，仔細瞧，
此人此景好面熟。
啊，磨斧人原來是楊師長，
抗戰時期的老八路。
望女兒，來婁山，
重走當年婁山路。
浦江風浪還灌滿袖呵，
來在婁山又把征途鋪。

風風雨雨四十載，
你看他，
還是戰爭時期那股勁，
只不同，
青絲換白髮，戰士提幹部。

當了幹部色不褪，
還是那身戰士服。
重磨當年磨刀石，
滿懷情如注……

謔謔謔……
謔謔謔……
引出滿寨磨斧聲，
譜入戰鬥交響曲。
動人心弦，
感人肺腑，
逗得簷下燕呢喃，
彷彿也在吟新賦。
啊，婁山就是磨刀石，
革命人就是把把斧。
磨呀磨，
磨銳殺敵刀和劍，
斬鬼怪，
擒妖魔，
誓叫祖國展宏圖。

（選自《遵義頌》貴州人民出版社 1975 年 12 月版）

毛主席送我上講臺

殷 光 蘭

毛主席送我上講臺，
步步腳印波濤起，

舊社會地主筆是殺人刀，
賣身契上字字血，

四九年灑淚迎太陽，
毛主席救我出苦海，

毛主席叫咱坐江山，
紅太陽恩情唱不盡，

真是做夢也沒想到，
毛主席身邊照過相，

母親摸透兒心事，
知道我編歌不會寫，

打開書本剛坐下，
張張試卷重重山，

風風雨雨算什麼？
滿腔怒火化山歌，

"你們吃的哪家飯？
你們走的什麼路？
山歌出口似利劍，
劉少奇一夥下毒手，

仰望北斗星，
這學校是我工農親手造，

一聲《炮打司令部》，
工農舉旗打衝鋒，

看今朝啊，我又來！
學校為我工農開，

想過去，這講臺，
瘋狂販賣封、資、修，

唱今天，這講臺，
三大革命是課堂，

要把講臺當戰場，
徹底砸爛舊世界，

紅色講臺好氣派，

無產階級占陣地，

心兒跳啊淚滿腮，
件件往事湧心懷。
黑手一搖把我害，
親生骨肉兩分開。

一頭撲到親娘懷，
多年的啞巴口能開。

萬里江山擺歌台，；
幸福的山歌滾滾來。

我一路唱到中南海，
從此我嗓音唱不敗。

毛主席對工農兵最瞭解，
親手把學校大門開。

陣陣陰風刮起來，
不讓工農把頭抬。

自小就打浪裡來！
課堂裡邊擺擂臺。

校門到底為誰開？
又為哪家育人材？"

句句擊中他要害；
一腳把我踢出校門外。

心向中南海，
定要把他奪回來。

紅色風暴漫天來，
把劉少奇、林彪押上審判台。

是毛主席送我上講臺，
把顛倒的歷史翻過來。

是資產階級復辟台，
多少青年受毒害。

咱們工農來主宰，
鍛煉革命的好鋼材。

迎著風浪向前邁；
誓做當代鮑狄埃。

金色大道毛主席開；
看我工農創未來！

　　一九七一年三月創作
　　一九七五年六月改於蕪湖
（選自《文教資料簡報》南京師範學院等編，1975 年 12 月）

魯迅（長詩選載）

徐　剛

北京。
一個秋天的早晨。
我擠進西三條胡同
密密的人群，
同社員、工人，
戰士、學生，
沿著林蔭路，
向前走去，
互不相識，
卻不必詢問。
來到這裡的人們呵，
都在懷念一個
偉大的戰士，
都在懷念
永生的魯迅！
這裡是魯迅故居。
我走進書屋，
我來到客廳，
我站在後院，
我望著水井。

丁香，刺梅，棗樹；
根深，葉綠，枝青……
是今天？不，
好像又是昨天 ──
雞剛啼，天方明，
斗室裡，
茶還香，
墨正濃，
沉思的煙霧似流雲，
小小的油燈如星辰，
光輝照映伏案人 ──
濃眉緊鎖，
筆鋒揮斥，
目光嚴峻！……
呵，不！
誰說魯迅離開了戰場？
誰說魯迅離開了我們？
他活在我們心中，
在我們心中永生！

北京。
一個秋天的夜晚。
我凝視著樓外的街燈。
夜空，像嵌著珍珠的青石，
長街，像鑲在鏡中的畫屏。
清潔工，
駕駛國產的掃塵車，
在清掃灰塵；

夜班車，
向著燈火輝煌的工廠飛奔；
不遠處，
彷彿傳來
孩子們夢中的笑聲……
而我 ——
在鋪開的稿紙上寫著：
戰士！旗手！……
卻彷彿看見
偉大的先驅魯迅
在深情微笑；
卻彷彿聽到
光輝的榜樣魯迅
在諄諄叮嚀……
於是，我同他談話，
並且問他：
或許，今天的一切，
當年，正是你的夢境？
是在吶喊"救救孩子"的
那個深沉的夜晚？
這是聽到紅軍長征
勝利到達陝北的那個黎明？……
情思縈繞呵蕩溢於心，
像瀑布奔瀉，
似驟雨傾盆。
黨呵，
需要魯迅！
革命呵，

需要魯迅！
誰說魯迅遠去了？
不呵，他和我們一起，
去山西的大寨，
走東北的大慶，
看紹興今日，
覽浦江巨輪，
登長江大橋，
看列車飛奔，
在金光炎炎的正午
和紅霞染空的黎明……

我在北京的秋夜遐想，
對著鋪開的稿紙發問：
這一切呵，
難道僅是詩人的想像和激情？
或者只是懷念寄託的幻影？
可是，為什麼呵，
在前進的大軍中，
我們總是看見他那高大的身影？
在攀登的山路上，
也總是發現那雙黑帆布鞋的腳印？
答案喲並不複雜 ──
有的人，
生，等於死；
有的人，
死，還在生。

說什麼地下安息，
不！是戰士，
便永保青春！
妖魔怕歷史的鏡子，
敵人怕死了的魯迅。
一坏黃土喲，
隔不開魯迅與人民！
如高山不倒，
似長河不盡，
魯迅不死呵，
不死的魯迅！

四十年呵，
魯迅和我們一起，
轉戰南北，衝鋒陷陣；
四十年呵，
魯迅和我們一起，
畫遼闊大地上
新生活的第一幅藍圖，
繡新中國第一面國旗的
五顆紅星！
每一個盛大的慶典，
每一次浩蕩的遊行，
我們都彷彿看見他
打開紅黑兩色的書包，
講：革命無止境……
簡明而又精粹，
平凡而又深沉，

充滿著韌性戰鬥的號召力，
跳躍著火的光，劍的影，
他總是大呼呵 ——
進擊！進擊！
不斷進擊，才能最後取勝！

是的，我們已經取得
偉大的勝利。
可是，路途還長，
"戰鬥正未有窮期"，
我們必須
沿著毛主席的革命路線，
馬不停蹄，人不下鞍，
繼續革命，繼續進軍！
毛主席號召我們呵，
學習革命理論，
鞏固無產階級專政。
我們呵，為剷除
資本主義的土壤，
修正主義的孽根，
要不斷征戰，不斷奮鬥，
無所畏懼，學習魯迅！

魯迅呵。
你五十六年的生命，
分秒全作征途行。
魯迅呵，
你一生即使活千歲，

永是黨的一個兵！
望著你的身影，
踏著你的腳印，
用你的匕首去戰鬥，
照你的方向去攀登！
任重而道遠呵，
我們這一代人！
帝修反舊夢未圓，
豈能甘心？
看呵，烏蘇里江那邊，
明碉暗堡，烏雲翻騰；
聽呵，陰暗角落裡，
有人晚上磨刀，切齒仇恨……
如果有誰居安忘危，
高枕輕心，
人民呵 ──
將會以革命的名義，
命令他：
想想昨天，
想想魯迅！

當年的老紅軍呵，
紮緊了綁帶，意氣風發，
無愧於自己的子孫。
今天的新一代呵，
朝氣蓬勃，跑步向前，
誓作革命接班人。
讓我們再一次，再一次地

聽呵，聽老戰士、老紅軍
講遵義城頭的曙光，
大渡河上的槍聲，
李有國是怎樣振臂高呼：
讓革命騎著馬前進！
講呵，講 ——
戴著假面的張國燾，
另立中央，破壞長征，
遺臭萬年，輕如粉塵！……
歷史的車輪呵，
向前又向前；
革命路上呵，
鬥爭接鬥爭。
像魯迅那樣 ——
越向前，越奮勇，
越勝利，越清醒！
把魯迅的名言牢記在心：
“老譜將不斷的襲用”！
劉少奇 ——
被打倒了，
林彪 ——
在溫都爾汗碎骨粉身，
這是偉大的勝利，
這是歷史的結論，
可是，明天還有新的鬥爭，
我們的進軍路上呵，
應該刻下兩行大字 ——
堅持繼續革命，

鞏固無產階級專政！
鬥爭中呵，
要常常想到 ——
永生的戰士，
光輝的魯迅！
征途上呵，
要時刻自問 ——
做怎樣的共產黨員？
做怎樣的中國人？
什麼是偉大的愛？
什麼是偉大的憎？……

（原載《詩刊》1976 年第 1 期）

展　翅　篇

北京大學中文系七三級創作班
工農兵學員集體創作

鶯歌燕舞，
山花爛漫，
春光中，奔湧多少歡騰的清泉；
驚雷震天，
狂濤拍岸，
風暴裡，飛出多少矯健的海燕！
乘著東風，
沐著朝陽，
我們又一批工農兵學員呵，
迎來了戰鬥的畢業盛典！

呵，“畢業”！
這是一個多麼不平常的字眼！
千百年來，
它曾牽動過不同階級的神經，
浸透著不同階級的意願。
在封建主義教育的城堡，
畢業的慶典，
充滿著“學而優則仕”的聲喧；

在資本主義教育的殿堂，
畢業的鐘響，
宣揚著金錢拜物教的信仰；
在修正主義教育的深院，
畢業的鼓樂，
貫串著"讀書做官論"的主弦。
呵，上下幾千年，
一條黑線串：
順我者，給我高官厚祿，
逆我者，讓你失業坐監；
嗜血成性的有產者，
坑害了多少青年。
今天 ——
資產階級法權的誘餌，
又在兜售其奸。
我們 ——
無產階級大學的畢業生，
在毛澤東思想的陽光下，
獻給社會主義時代的，
該是一張怎樣的答卷

這個問題，
提得是這樣的嚴肅呵，
出征的時刻，
又是如此的不平凡 ——
這邊是紅旗引路，
戰鼓催征，
撫育我們的黨和人民，

投來了熱切的目光：
“暴風雨裡飛出的海燕，
文化大革命中成長的青年，
無產階級的千秋大業，
正需你們接班！”
那邊是咒語聲聲，
唾沫飛濺，
夢寐不忘“前朝曲”的吹鼓手，
發出九斤老太的慨歎：
“如今的大學呵，
不像大學；
現在的大學生，
怎比當年！……”
呸！“克己復禮”的尺子，
怎能量出
工農兵學員的寬廣心田；
喞喞喳喳的蓬間雀，
怎能理解
展翅鯤鵬的前程高遠；
資產階級法權的誘餌，
休想動搖
我們的鋼鐵志願；
修正主義老爺的黑手，
豈能扭轉
毛主席開闢的航線！
看看吧，就在這 ──
教育革命春風吹綠的校園，
正在發生的事情

何等動人心弦！

一

……請戰書的紅雨，
灑遍校園；
決心書的雪片，
飛滿藍天……
我們畢業生的隊伍，
匯成一股洪流，
一頭擁向誓師會的講臺，
一頭撲到黨委會的門前。
為早一分鐘，
向黨傾訴崇高的理想
戰鬥的誓言，
此刻呵，
誰的心裡，
不燃著呼呼的火苗？
誰的手中，
不攥出成把的熱汗！

"讓我發言呵，讓我發言！
我的出征宣言，
已經跳到了嘴邊！"
"讓我宣誓呵，讓我宣誓！
我的畢業誓詞，
早就想過千遍！"
呵。有多少灼熱的手，

揮動在話筒前……

瞧，他將話筒貼近了嘴邊，
噴射出豪邁的語言 ——
　"寶貴的青春屬於人民，
請黨批准我奔赴高原！"
呵，她也終於把話筒抓到手裡，
莊嚴地宣告久有的志願 ——
　"東西南北中，
一切聽從黨召喚！"

可是呵，畢竟只有一個話筒，
怎能滿足千萬人的心願？
　—— 要求發言的人群，
早將臺子擠滿，
後面還像漲潮一般！
難道要把這誓師大會，
開到明天，後天？
不！那也說不完！

呵，是誰提了個建議，
得到畢業生的一致稱讚？
　—— 來呀！
讓我們把響亮的喉嚨，
放在同一個話筒前面；
讓我們把燃燒的話語，
匯成一片鋼鐵的誓言！
　—— 如果說，新大學是革命熔爐，

我們畢業就是：

三槽出鋼，

烈火鑄劍；

　── 如果說，新大學是紅色船臺，

我們畢業就是：

巨輪下水，

高揚風帆；

　── 如果說，新大學是戰鬥營房，

我們畢業就是：

戰士聞警，

衝向火線……

親愛的祖國呵，

親愛的黨！

請檢閱您的兒女吧，

一代新人在您面前！

看我們戰鬥的行裝，

那樣豐富，

又那樣簡單 ──

一雙井岡山的草鞋，

一把南泥灣的鐵鍬，

一套馬列和毛主席的著作，

一疊大批大幹的作戰方案；

看我們出征的行列，

那樣雄偉，

又那樣壯觀 ──

共產黨員的長城，

共青團員的群山，

革命青年的鐵流，

一代新人的巨瀾……
黨呵，
只要你一聲號令，
我們就邁開闊步，
奔向三大革命的前沿。
讓時代的烈火，
將我們的學習品質檢驗；
用鐵的事實，
粉碎修正主義復辟派的狂言！
難道這是一剎那的熱情，
五分鐘的"浪漫"？
不！
我們的志願呵，
從入學的第一天起，
整整醞釀了三個火紅的春天！

二

……剛跨進校門，
我們就來到工宣隊師傅面前。
他領著我們，
來到學校的小湖邊。
一件往事的回憶，
像烈火燃在我們的心間 ──
那是一九六一年，
一個嚴酷的冬天，
也是他 ── 一個工人調幹生，
在這裡生活的第四年。

一個資產階級權威，

突然將一份勒令退學的通知，

甩到他的面前！

就是因為呵，

他組織毛主席著作學習小組，

影響了班級"向副博士進軍"，

就是因為呵，

他要求到廣闊天地去鍛煉，

將大字報貼到舊校黨委的門前……

"你們不是問怎樣戰鬥嗎？

先看看這不平靜的校園！

就在這湖邊，

五七年捲起過妖風惡浪 ──

這座有名學府的幾個'高材生'，

狂呼亂嚎，殺氣騰騰，

揮舞起'外行不能領導內行'的黑幡。

就在這湖邊，

六六年彌漫過激戰的硝煙 ──

幾個頑固的走資派，

死抱著反動路線的滅火機，

妄圖撲滅文化大革命的烈焰。

也就在這湖邊，

前幾天又有陰風翻卷─

幾個舊學校的衛道士，

築起土圍子，

對教育革命反攻倒算……

莫忘記呵，

莫忘記！

修正主義，
仍然是現在的主要危險。
戰鬥呵，
戰鬥！
鼓起‘炮打司令部’的勇氣，
堅守無產階級的營盤。
鬥爭呵，
鬥爭！
對資產階級實行全面專政，
絕不許蘇聯的悲劇重演！……”

就這樣，
我們從與敵人較量過的田野，
來到階級爭奪的校園，
　── 從一個戰場，
又來到一個火線；
我們帶著工農兵的囑託，
譜寫教育革命的新篇，
　── 讓鬥爭的烈火，
一次次將我們冶煉……
……呵，那是一個難忘的秋天，
開門辦學的幼芽剛剛出土，
無情的大棒，
就揮舞在眼前 ──
　“……上來下去，
抽風一般！”
　“……必須扭上正軌，
用我們的方案！”……

於是，一疊毒爛發黃的講稿，
又悄悄攤開在講臺，
"智育第一"的幽靈，
又偷偷徘徊在校園……

好惡的邪風呵，
好險的灘！
我們教育革命的航船，
該怎樣揚帆？
……迎著朝霞片片，
對著明燈盞盞，
我們千百個馬列學習小組，
汲取著力量的源泉；
……和工宣隊員交心，
和廣大教員傾談，
同一戰壕的戰友，
商討著反擊的方案……

陽光燦爛照征途呵，
東風萬里催征帆。
批林批孔的紅色信號升起了，
我們在毛主席指揮下衝鋒向前！
學理論，
向資產階級法權思想開火，
評《水滸》，
向現代的投降派宣戰！
看！

我們戰鬥的旗幟，
高高飄揚在藍天。
　── 革命大批判！
五個威武的大字，
映紅校園；
　── 和修正主義路線對著幹！
一聲勇猛的吶喊，
震裂敵膽！
呵，我們革命的開路機，
就這樣奔馳在前線，
摧枯拉朽，
一往無前！
於是呵，教育革命的春苗，
迎著風雨枝伸葉展；
社會主義大學的課堂，
設到了工廠、田頭、礦山……
……在鑽井架邊，
我們和石油工人一起，
學習鐵人，
揮旗開鑽；
在煉鋼爐旁，
我們和鋼鐵工人一道，
爐裡煉鋼，
爐前批判……
更懂得 ──
什麼是修正主義的黑貨，
什麼是毛主席的革命路線；
怎樣對付妄圖復辟的資產階級，

怎樣行使無產階級 "鐵的手腕" ！

……在大河上下，
我們和黃河船夫一起，
逆流拉纖，
搖櫓撐船；
在三門峽畔，
我們和貧下中農一道，
治泥治沙，
引黃淤灌……
更明白 ——
我們的腳步，
怎樣和人民一起邁動；
我們的《理想之歌》，
怎樣與無產階級和絃！
……在青藏高原，
我們和藏族同胞一起，
踏遍冰川，
開發熱泉；
在世界屋脊，
我們和登山隊員一起，
迎風鬥雪，
科學考察……
更清楚 ——
捍衛紅色江山，
需要怎樣的戰士，
登攀理想高峰，
應有怎樣的肝膽……

就這樣呵，
我們在新大學的熔爐中，
冶煉，冶煉！
　── 按照共產主義大廈要求的係數，
按照無產階級的品質觀。
就這樣呵，
我們在黨的哺育下，
成長，成長！
　── 做普遍勞動者，又紅又專，
做革命接班人，忠心赤膽。
也就是這樣呵，
我們在革命的征途上，
登攀，登攀！
　── 踢開剝削階級傳統觀念的頑石，
踏碎復辟派擋路的柵欄！……

三

人民送我上大學呵，
我上大學爲人民；
一顆紅心進校園，
大學畢業志更堅！
親愛的祖國呵，
親愛的黨！
此刻，我們的戰馬，
早已備好嶄新的征鞍，
只待您巨手一揮，

我們就催馬揚鞭!
　── 到農村,
到邊疆,
到最艱苦的地方,
到黨和人民最需要的地方!
　── 不做蓬間小雀,枝頭寒蟬。
我們革命青年呵,
要學長空鯤鵬,冰山雪蓮!
在未來的鬥爭中,
我們願做革命航船的鉚釘,
把復辟派的狂濤,
撞得稀爛;
我們願做閃閃發光的犁尖,
爲社會主義祖國,
開拓園田;
我們願做永不鬆動的道釘,
肩起時代的列車,
飛奔向前!……

我們深知,
迎接我們的 ──
不僅有塞外冰雪,
高原風寒,
更有階級鬥爭的驚濤駭浪,
雷鳴電閃!
可是,我們是戰士呵,
在鬥爭中又錘煉了三年 ──

角正硬，刺更尖！

當年，革命老前輩，
跟著領袖毛主席，
從井岡山出發，
來到天安門前 ——
踏遍全中國，浴血幾十年；
今天，我們新一代，
跟著領袖毛主席，
要從天安門啓程呵，
"重上井岡山" ——
闊步數千里，再頭幾萬年！
誓將先烈遺願，
化爲宏圖；
誓把革命大旗，
舉上雲天！

鯤鵬展翅
九萬里，
祖國前程，
無限遠，
世界未來
屬人民，
偉大理想
定實現！……
呵，揚起來，
揚起來吧，

四海的波濤！
—— 我們出征的航船，
已拔錨啓航；
呵，吹起來，
吹起來吧，
五洲的東風！
—— 我們新一代的大軍，
正高歌揚帆，
向著二〇〇〇金色的高地，
向著共產主義光輝的明天！

（原載《人民文學》1976 年第 2 期）